心とカラダが若返る!

美女ヂカラ

Excellent
エクセレント

[監修] 豊川月乃
モデル&ビューティースクール「sen-se」代表

疲れた～
ただいまー
ガサ
ガサ
メイク落とさなきゃ…
ふーー
うだ
めんどう…
うだ
三枝友子（33歳）
「美」とは無縁のものぐさOL。
Yahhoニュース
30歳の女性が5年後に結婚するのは3人に1人！
うっ…
私、結婚できるかな…
子どもの頃は大人になったら
普通に結婚して普通に出産するものって思ってた
ごはんよ～
わーい
のに…
彼氏イナイ歴6年
ずぞぞ…
うまめん
こんなハズでは…

ありのままの私を受け入れてくれる王子様
Love!!
なんているわけないよね～
ポリポリ
ブライダルフェア
あ～あ起きたら美人になってないかな～～
アッアッ大陸
hanae
美容研究家
英恵
アッアッはじまった～!!
2万人を美人にした美容講師
どんな人でも美人になれます
しかも美人になるには努力はいりません
だったら私も美人になろうかな～～
ハハハ

contents

第1章　誰でも美人になれる

第2章　美人になるスキンケア&エイジングケア

contents

第4章 美ボディをつくるエクササイズ

contents

※本書で紹介しているケアは効果を保証するものではありません。効果には個人差があります。
※小麦粉やアルコールなど、食材にアレルギーがある場合は、決して使用しないでください。

character

三枝友子（33）

のんびり、おっとりしたズボラOL。好きなことは寝ることと、マンガ。嫌いなことは努力。

高野ひとみ（25）

ファッションや流行りものが好きなOL。最近は、体力や肌の衰えを感じている。

田上美智（41）

美への関心が高まっている一児の母。頑張り屋だが、目標が高く途中で挫折しがち。

英恵（48）

２万人の女性をモデル並みの美人に変身させたカリスマ美容講師。友子たちにレッスンを行う。

早乙女社長（年齢不詳）

「美」に厳しいオネエ社長で、社員の美容向上に積極的。愛犬のキャサリンを溺愛している。

浅倉本部長（56）

友子たちのやさしい上司。口数は少ないが、実は美肌の持ち主で、美容への関心も高い。

chapter 01

誰でも美人になれる

どんな人でも、思考ひとつで美人に。

美人になるのに努力はいりません。

自分にとって心地よい美容法と

自分の魅力を見つけて磨きましょう。

翌日
ワイ ワイ
・掲示板・
どうしたの？
今日はからあげ弁当よ～
コンビニ
美容セミナー 無料
『誰でも美人になれる』
講師 英恵先生
テレビに出てた人だ
あ──
友子さん──
行くんですか？
ガヤ
ガヤ
高野ひとみ（25歳）
おしゃれが大好きな
友子の後輩
頑張らなくても美人になれるならいいけどー
ん～
行きましょうよ～
グイ
グイ
コンビニ
美容セミナー会場
⇐こちら
ザワ ザワ

ハイハイ それじゃあ 講師の 英恵先生を 紹介するわ
はじめ まして
ザワ
ザワ
なんか キンチョー…
キャン
早乙女社長
美を愛する ジェンダーフリーな社長
英恵(48歳)
「美」の カリスマ講師
あ… ああ… キレイ!!
テレビより さらに キレイ～
マジ 48歳?
英恵先生は 数々の一般人を モデル並みの美人に してきたのよ
スゴイ!!! 信じられない…
ヒィ～～
before
after

ステキ!!!
私、どんな辛いことでも耐えてみせます
美人になれるなら若くなれるなら
燃えてますね〜
美智さんもいたんですね
田上美智（41歳）
美容に関心の高い一児の母
美人になるには努力が必要って思ってる？
えっ違うんですか？
スッ
今までどんな努力をしてきたの？
えーっと
ジョギング
ヒー
朝バナナ
さすがにあきる…
筋トレ
つら〜
糖質制限
逆にほしくてたまらない
断食
つらい…メシくれ…
などなど
どれもダメでした…
それはおブスのスパイラルね
ズバリ

これだと
うまくいかないの
おブスのスパイラル
①美人になろうと努力する
やるぞー!
②苦しくて続かない
し…しんどい…
③結果が出ない
ど〜して?!
④自分を責める
もっとやらなきゃ
そうだったんだ
美人のスパイラルはこっちよ!
美人のスパイラル
①楽しくて美容にいいことをする
フラ好き〜♪
②続くから結果が出る
やせたかも!!
③ほめられる
ナイスバディだね
ありがと♡
ですから
美しくなるのに努力はいりません
ハイ!
例えばどうすればいいんですか?
知りたい!

美人のしぐさ<基本編>
OK!
首は後ろに引いて長くのばす
上半身をひねる
肩甲骨をしっかり引く
指を閉じる
NG
ねこ背
指が開いている
恥ずかしがらずにやってみて
やってみよっと
簡単ね
すぐにできそう

美人になる方法は他にもあるわ
話し方
姿勢・歩き方
表情
美人ってこんなふうになるのかぁ
はーい
セミナーできれいになりましょう！
翌日
美人のしぐさやってみませんか
今日1日やってみよ！
いいわね
ガチャ
おはよう！
浅倉本部長（56歳）
やさしい上司
おはようございます
キュートに
えっ
おはようございます
クールに
おはようございます
セクシーに

1

思考を変えて美しくなる

□自分の美点をたくさん知っている人は、美人になれる

□真面目な人ほど、美人になれない

□心地よくできる美容法を見つけるのが、美人への近道

自分の魅力を書き出して、美点を磨こう

思いつかない時は…

- 人が褒めてくれたことを思い出しましょう。そこもあなたの魅力です。
- 欠点はポジティブに変換しましょう。一重→切れ長の目、胸が小さい→スレンダーなど、いいところを見つければ魅力になります。

美人になるのに努力はいりません

真面目で頑張り屋な人ほど、「きれいになるには努力をしないといけない」と考えがちです。しかし、苦しいことは続かず、挫折のもとに。美人になるには、無理して頑張るより、自分が心地よくできる方法を探すのが近道。自分に合った美容法が見つかれば、簡単に美人になれます。

持ち味を魅力に変えて美人になる

自信のあるパーツや人に褒められた部分を磨くのが、美人への近道。自分の魅力をたくさん見つけましょう。

魅力を増やすコツは、欠点を美点に変換すること。「背が高いから、モードなファッションが似合う」など、ポジティブ思考で魅力を増やしましょう。

2 雰囲気美人になる方法

□雰囲気美人には誰でもなれる

□姿勢・歩き方・表情・話し方・しぐさが雰囲気美人の重要ポイント

□気を抜けばすぐにおブスに。鏡を見てチェックするクセをつける

ここに気をつければ、雰囲気美人になれる

表情（→P26）
話し方（→P28）
姿勢（→P22）
しぐさ（→P30）
歩き方（→P24）

動きが美しいと美人に見える

美人になろう！　と決心した時、ダイエットを始めたり、メイクを変える人も多いでしょう。

しかし、どんなに見た目をよくしても、ねこ背でガニ股歩きをしていたら、印象はよくありません。立ち居振る舞いは美人の重要なポイントです。

まずは姿勢やしぐさ、話し方に気をつけて、雰囲気美人になりましょう。

鏡を見る回数を増やす

美人に見える姿勢や歩き方を覚えても、慣れないうちはすぐに崩れてしまいます。全身が映る鏡やガラス窓を見つけたら、自分がどんな姿勢でいるのか、どんな歩き方をしているかを、さりげなく確認しましょう。

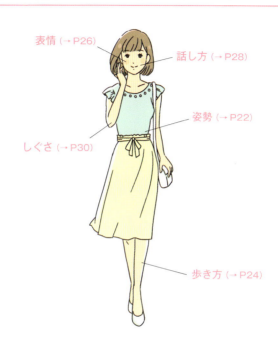

3

美しい姿勢の整え方

□立ち方が変だと、不美人になる

□姿勢が崩れたと感じたら、壁を使ってリセットする

□正しい姿勢を意識すれば「美」と「前向きな気持ち」が手に入る

正しい姿勢で立ってみよう

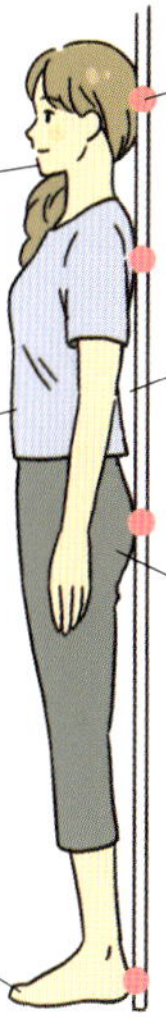
壁に頭・肩・お尻・かかとをつけて立つ
あごを軽く引き、まっすぐ前を見る
壁と腰のすき間は、手のひら1枚分。入らなければ、ねこ背。こぶしが入るなら、反り腰の状態なので注意
お腹は上に引き上げるように腹筋に力を入れ、へこませる
お尻の穴をキュッと締める
左右のつま先を軽く外に開く

姿勢がうまくとれない人は、片腕を上げてみましょう。腕を上げると自然にお腹がへこむので、片手でへこんだお腹をキープして腕を下せば、美しい姿勢になります。

美しい姿勢を身につけよう

美人になるために、まず身につけたいのは「美しい姿勢」です。

上のイラストのように、壁を使って正しい姿勢で立ってみましょう。最初はお腹やお尻を引き締めるのが辛いかもしれませんが、毎日続けるうちに筋肉が鍛えられ、自然に美しい姿勢がとれるようになります。

姿勢を正すと気持ちも変わる

落ち込んでいるとうつむきがちになるように、心と体は結びついています。背筋をピンとのばし、前を向いた状態でいれば、ネガティブなことは考えにくいもの。姿勢をよくすれば、見た目の美しさとともに、ポジティブな気持ちも手に入るのです。

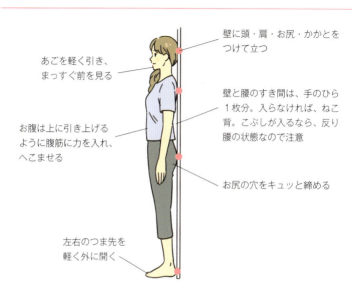

4 美人に見えるウォーキングレッスン

□美しい歩き方を続ければ、筋肉がついてハイヒールでスイスイ歩けるようになる

□歩く時は、足の親指側に重心をおく

□一本の線の上を歩くようにすると女性らしく見える

ハイヒールで美しく歩く

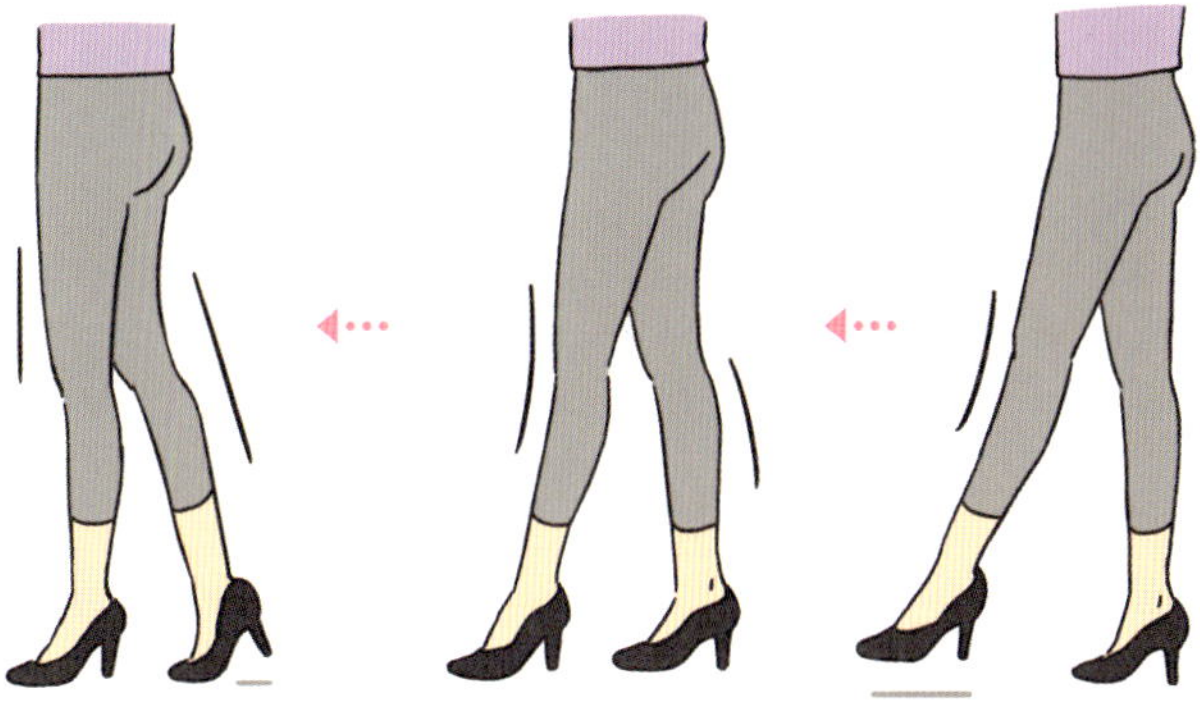

❸重心を前に移動する。横から見て「人」という字になっていれば◎。

❷足の親指側に体重を乗せる。

❶つま先から地面に足を下ろす。

ローヒールの場合はかかとから着地します。体重をかかと→足の真ん中に移動させ、親指の付け根で地面を蹴りましょう。足を前に出す時以外は膝を曲げないよう注意。

ハイヒールで美しく歩く

美しいハイヒールは、見ているだけでも美意識が刺激される「魔法の靴」。しかし、重心が取りにくいので、歩くと膝がガクガクしたり、ねこ背になったりします。

美人に見える歩き方のポイントは、正しい姿勢をキープしながら、足の内側に重心をかけ、1本の線の上を歩くようにすること。これを続けていると、脚の内側に筋肉がつき、美しい歩き方を身につけられます。

苦手な人はミドルヒールから

普段ヒール靴を履かない人は、5センチのミドルヒールで歩く練習をしましょう。慣れてきたら、8センチ以上のハイヒールに挑戦してみて。

5

きれいな笑顔のつくり方

□ 笑顔がきれいな人は、男女を問わず好感を持たれる

□ 笑顔の基本は、やさしい目とキュッと上がった口角

□ 笑顔は最強のエイジングケア。ほうれい線、顔のたるみもカバーする

美人に見える笑顔のポイント

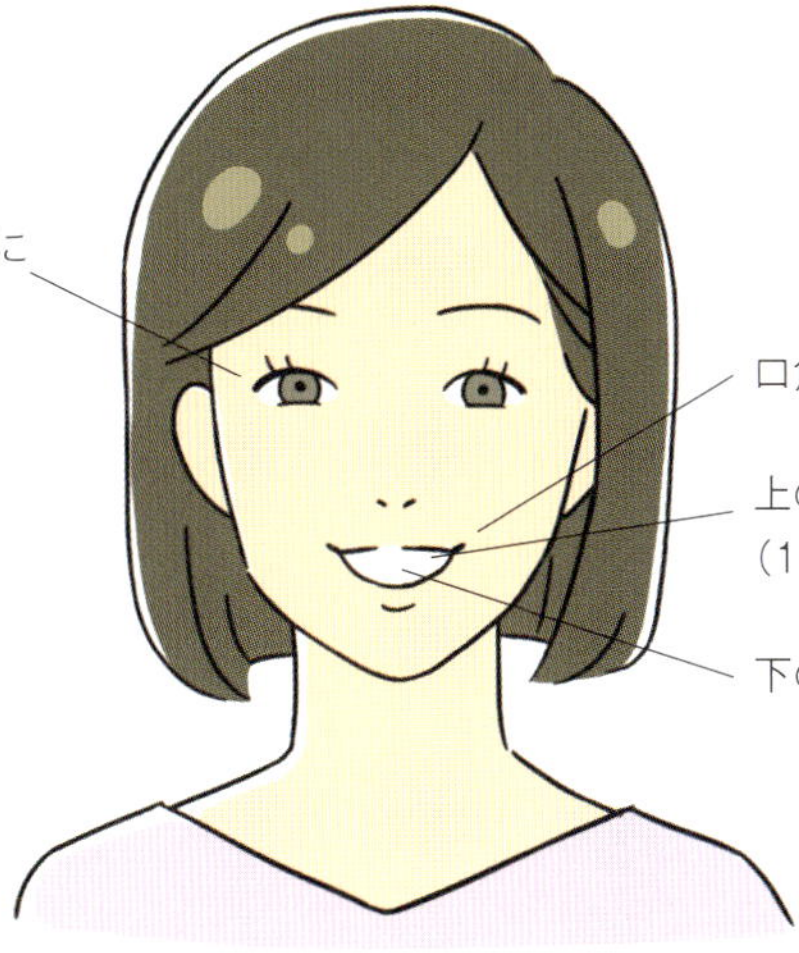
目は三日月に
口角をしっかり上げる
上の歯をしっかり見せる
（10～12本がベスト）
下の歯は見せない

普段、自分がどんな表情でいるかは、あまりわからないもの。人と話しているところを動画で撮ってみると、客観的に見ることができます。

笑顔を覚えて好感度アップ

どんな美人も、表情がイキイキしていないと魅力減。美人を目指すなら、まずは、基本の笑顔を覚えましょう。

ポイントは歯が見えること。自分では歯を見せているつもりでも、意外に見えていないものです。鏡で確認しながら、上の歯が前歯から奥歯までしっかり見えるよう、口角を上げましょう。

そして、口角以上に難しいのが目の表情。三日月の形になるように顔の筋肉を動かし、表情筋を鍛えましょう。

笑顔でたるみケア

頬のたるみ、ほうれい線が気になる人は、常に笑顔でいましょう。自然にリフトアップでき、顔全体の筋肉が鍛えられて、顔もほっそりします。

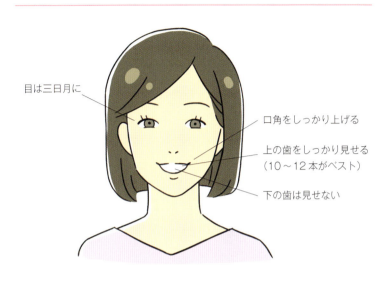

6

美人度が増す話し方

- □いい声を出すトレーニングで声を若返らせる
- □大声はＮＧ。幼く見える若者言葉も多様しない
- □自分の声を録音して聞き、研究する

声のエイジングケア

腹式呼吸で美声に

息を吐いてお腹を凹まし、出し切ったら鼻から息を吸い、お腹をふくらませます。たっぷり空気が入った状態で、お腹から話すといい声に。

滑舌アップの顔筋トレ

表情筋を鍛えると、滑舌がよくなります。「い～」と口を大きく横に広げ、「う～」と口を強く前に突き出すと、口まわりの筋トレができます。

保湿と水分補給で喉ケアを

喉が乾燥していると、声帯が傷つきやすくなります。こまめに水分を取る、帰宅後はうがいをする、加湿器をつけるなどの保湿ケアを大切に。

1回10セット、1日30セットが目安です

自分の声を録音して聞いてみましょう。声の状態や話し方のクセがよくわかります。

トレーニングでモテ声に

声も雰囲気美人に欠かせない、大切な要素。落ち着いたトーンで丁寧に話せば、美人度が増します。

声は加齢によって低くなったり、かすれて聞きづらくなります。トレーニングでエイジングケアをしましょう。

腹式呼吸で発声すると、聞き取りやすい明瞭な声になります。また、口角を上げると女性らしい高い声が出るので、笑顔で話すようにしましょう。

美人は話し方にも気をつける

話し方も印象を左右します。早口や大声、年齢にそぐわない若者言葉は控えましょう。また、自分のことばかり話さず、相手の話を丁寧に聞く、聞き上手になると美人度が上がります。

7

美人のしぐさで魅力アップ

□「しぐさ」で美人の雰囲気をつくる

□体を傾けるとかわいく見える

□指先の使い方で
美人アピールができる

ショルダーバッグはベルトの留め具付近を手でおさえると美人に見えるよ!

体を傾けて好印象に

傾きで関心とかわいさをアピール

体が傾いていると、かわいい雰囲気に。また、相手との距離をつめて、話を聞きたいという気持ちを表現できます。

デートでは向かい合わせに座るより、隣に並ぶのがおすすめ。話を聞こうとすると自然に体が傾いて距離が近づき、親密度が増します。

体の動きひとつで美人になれる

日常のちょっとしたしぐさで、美人の雰囲気をまとうことができます。

手足を交差させたり、体を傾けたりすると、女性らしく見えます。会話をする時に、少し首を傾けたり、右側にあるものを「取って」と言われたら、あえて左手で取って渡してみましょう。

指先をそろえて上品に見せる

日常の動きで指先をそろえると、品のよさが加わります。

意識していないと、指はすぐ開いてしまうもの。まずはスキンケアをする時に、指先をそろえるようにします。次第に習慣化して、他のシーンでも美しい指づかいができるようになります。

美しい指先のしぐさ

想像以上に男性は女性の指を見ているもの。日ごろから優雅で美しい指先を意識し、自然にできるようになりましょう。

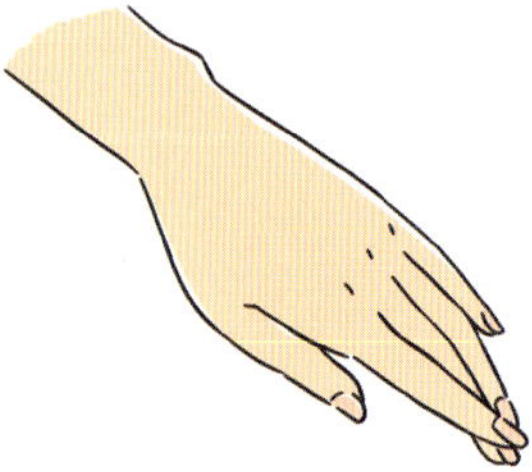

基本の形

❶手のひらに卵を乗せるイメージでカーブをつける。

❷人差し指だけをのばし、中指から薬指はそろえる。

❸親指は人差し指に自然に沿わせる。

親指だけが離れてしまったり、人差し指が曲がったりしがちなので気をつけて。

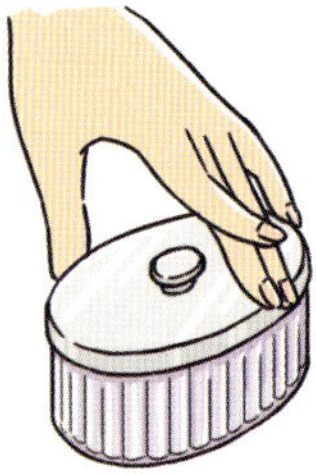

残りの指は軽くそろえて

ふたを持つ

中指と薬指を意識してつまむ

親指、中指と薬指でふたをつまむとエレガント。小指を立てないようにすると、指が長く見えます。

カップを持つ

持ち手に指を入れない

コーヒーカップやティーカップは持ち手に指を通さずに、親指と人差し指でつまむように持ちましょう。

美人に見えるしぐさアラカルト

会話中や食事中に、美人に見えるしぐさを取り入れて印象アップ！　まずは鏡の前で試してみましょう。

大人の虫歯ポーズ

虫歯が痛いかのように頬に片手をあてる「虫歯のポーズ」。手をぺったりつけると子どもっぽく見えるので軽くグーにして大人っぽく。

手を重ね、頬に斜めに添える

手の甲をもう一方の手で包んで頬に軽くあてると、かわいらしい印象に。女性らしい雰囲気も出ます。

会話しながら髪型を変える

会話中に、結んだ髪をほどいたり、また結んだりしましょう。髪をさわる女性らしいしぐさと、雰囲気が変わる様子に、相手はドキッとします。

ピアスや耳をさわる

つけているのと反対の手でピアスや耳たぶをさわります。美しい指先をアピールしながら、色っぽさを醸し出すことができます。

美人に見えるデートスポット

光の反射や照明の効果で、肌の見え方や相手に与える印象が変わります。デートスポットを選ぶ時は、美人に見える照明のある場所を選びましょう。

女優クラスの美人に見える!?「映画館」

真っ暗な映画館の中は、肌の悩みを隠してくれます。スクリーンの光で浮かび上がる横顔が、どこかミステリアスに見える効果も。

自分は右から見た方がきれいか、左から見た方がきれいかを鏡などで事前にチェック。彼と並んで座る時は、美人に見える席を選びましょう。

幻想的な雰囲気もいい「水族館」

水族館は、魚のストレス対策として、魚から人が見えないように照明を暗くしています。暗い室内では瞳孔が開いて黒目がちに見え、美人度が増します。

「こんな魚がいたんだ」など、会話が自然に弾むのも水族館デートの魅力です。

ほの暗さで親密度もアップ！
「キャンドルライトのレストラン」

やわらかな光のキャンドルライトが肌をきれいに見せます。キャンドルがなければ照明の真下を避けて、ほのかに光が当たる席を選んで。

照明の種類によって、肌の見え方が変わります。一般的に蛍光灯は肌がくすんで見え、LED は肌を青白く見せます。肌をきれいに見せるなら、白熱灯がおすすめです。

銀盤が美肌に見せてくれる
「スケートリンク」

氷上がレフ板代わりになって光を反射し、肌をきれいに見せてくれます。同じ理由で、晴れた日のスキー場もおすすめです。

ガタン
ゴトン
ねこ背になってる直さなきゃ
キレイな人だな…
キラ
キラ
きれいな髪…
美人って髪もきれいだな
友子の家
さてと
ゴソ
ゴソ
バッサー
私の髪って…
ボサボサツヤなし…
枝毛もいっぱい…
美容院に行くのがめんどうで自分で切ってたけど…
テキトーに…
HOLIDAY

さすがに
行かなきゃね
美髪に
なりたいな…
ZZZ
翌日
どれが
いいかな～
motto beauty
FREE
ヘアサロンを
探しているの？
英恵先生！
クーポンで
新しいとこに
行こうと
思って
サロン選びは
大切よ
メモメモ
美容師さんの技術の差が
自宅でのスタイリングの
差になるの
うまい人
乾かすだけで
きれいに
まとまる
いまいちな人
思うように
仕上がらない
前髪が
分かれちゃう…

腕のいい美容師さんってどうやって見つけるの？
うーん
店に行ってみるしかないけど…
知り合いにオススメを紹介してもらうのもいいわね
この店オススメよ♡
ヘアーサロン cocoa
ありがとうございます
週末
いらっしゃいませ～
イケメン…
英恵先生の紹介で…
髪ほどきますね
はい…
……
私の髪どうしたらきれいになりますか？
ひょっとして朝シャンプーしてますか？
はい
それなら夜シャンプーするだけで、髪質がよくなりますよ

夜シャンしないと…
髪は1日でかなり汚れる
●スタイリング剤の汚れ
●チリやホコリ
●皮脂汚れ
汚れたまま寝ると髪の成長を妨げる
汚れなど
クセ毛になりやすい
zzz
それに忙しい朝のシャンプーは雑になりがちですよね
すすぎ残しとか
ですね〜
翌日
私もそこに行きたいです
ツヤツヤね〜
えへへ♡
週末
本部長!?
ぎょっ
いかがですか?

8

正しいシャンプー&コンディショナーの方法

□頭皮は、髪を育てる「土壌」。ハリ・ツヤのある髪をつくるためには地肌の健康が不可欠

□シャンプー前のブラッシングと予洗いを丁寧に

□夜シャンプーすることで健康な髪が育つ

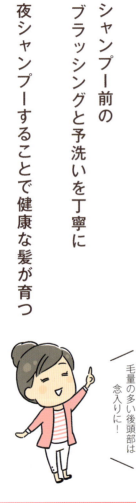

美髪を育てるシャンプーのポイント

マッサージする気持ちで、頭皮からかき上げます

ブラッシングで汚れを取る

シャンプー前に髪全体にブラシを入れると抜け毛やホコリを取り除くことができます。シャンプーの時間も短縮できます。

髪をこすり合わせないように注意

髪ではなく頭皮を洗う

指の腹を使って丁寧に洗いましょう。頭皮の丈夫なうなじから洗い始め、側頭部、前頭部の順に洗います。

シャンプーは、湯船に浸かって全身を温めた後にするのがおすすめ。体を温めることで頭皮の血行がよくなって、汚れが浮き、洗い流しやすくなります。

「夜シャン」でツヤ髪を手にいれる

頭皮の毛穴が詰まっていると、健康で美しい髪は生まれません。昼間髪についたホコリや皮脂は、その日のうちに落とすのがベスト。特に、ワックスなどのスタイリング剤をつけたまま寝ると、髪にダメージを与えます。寝る前に必ずシャンプーをしましょう。

髪より頭皮をしっかり洗う

まず、シャンプー前のブラッシングや予洗いで、髪についている汚れを落としましょう。シャンプーは髪より頭皮を重点的に洗うのがポイント。コンディショナーは毛先中心になじませましょう。頭皮につけると、毛穴を塞いで、髪の成長を妨げるので気をつけて。

9

髪がきれいになるドライの方法

□洗髪後にしっかり乾かせば、翌朝のスタイリングは軽く整えるだけ

□髪は軽く叩くようにしてタオルに水気を吸わせ、頭皮はタオルをあてて、もみ込むようにする

□根元から毛先に向けて風をあてる

ドライヤーのあて方

ドライヤーを左右に動かし、髪の根本に風をあてます
根元から毛先に向かってドライヤーを動かしながら乾かします

❶髪をかき上げ、全体を乾かす

タオルドライした後、乾きにくい根元に風をあてる。

❷髪を引っ張りながら乾かす

８割くらい乾いたら、髪を軽く引っ張りながら、毛の流れに沿って風をあてる。

ぬれた髪はキューティクルが開いており、傷みやすくなっています。１ヵ所に温風を２秒以上あて続けないように気をつけましょう。

しっかり乾かせば、スタイリングがラクになる

ドライヤーは髪に悪いというのはウソ。確かに、温風を同じ位置にあて続けると髪は傷みますが、髪をぬれたままにする方がダメージは大きくなります。正しいドライで髪をしっかり乾かし、シャンプーで開いたキューティクルを閉じてから寝ましょう。

ドライヤーの風向きがポイント

タオルで水気を拭き取ったら、地肌を乾かすイメージで、髪をかき上げながら風をあてます。全体が乾いてきたら、髪を引っ張りながら風をあて、仕上げましょう。この時、髪の流れに沿って上から下に風をあてるのが、髪を傷めないポイントです。

10

クセを直すブローテクニック

□寝グセは根元からぬらして、髪を引っ張りながら乾かす

□パカッと割れる前髪は、根元をぬらし、分け目と反対側に引っ張りながら乾かす

クセの部分の根元を中心にぬらしてね
シュッ
シュッ

割れる前髪解消スタイリング

❶分け目と反対側に引っ張る

割れてしまう部分の根元をぬらし、分かれる方向の反対側に引っ張りながら乾かす。

❷ロールブラシで内巻きにする

前髪をロールブラシにからめ、根元を立ち上げる。内巻きにしたら温風をあてる。

ロールブラシで髪を巻いたら、５秒温風をあて、５秒そのままの状態で冷まします。その後、ブラシを外すときれいなカールになります。

根元から水でぬらすのがクセを直すポイント

髪の毛のクセを直す時は、クセの部分を根元からぬらして、シャンプー直後のような状態にしましょう。後は、基本のドライ（↓Ｐ43）と同じ手順で乾かします。

分け目のクセを取ってからふんわりカールする

前髪はまっすぐ下ろしたつもりでも、気づくと分け目がついて、割れてしまいがち。ロールブラシでカールをつける前に、分かれてしまう部分のクセを取ると、きれいにまとまります。クセがしっかり取れるまで、「分かれる方向と反対側に引っ張り、温風をあてる」をくり返しましょう。

あると便利なスタイリング道具

ロールブラシやヘアアイロンなど、髪を巻くための道具があるとスタイリングやアレンジの幅が広がります。

ロールブラシ

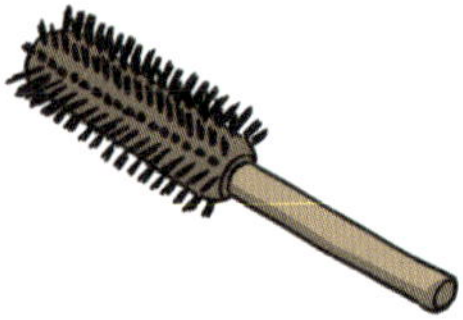

内巻きも外ハネもOK

毛束を巻きつけてドライヤーをあてれば、きれいなカールができます。毛をのばしながらドライヤーをあてれば、クセを直せます。

ヘアアイロン

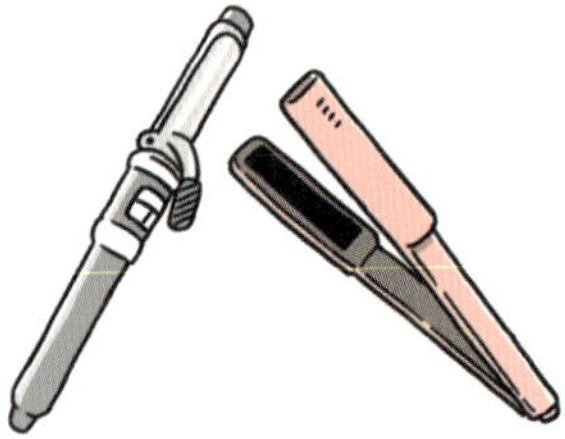

熱の力で手早くアレンジ

髪をはさんで熱を加え、カールやストレートヘアをつくります。高温で髪を傷めないよう、耐熱効果のあるスタイリング剤をつけましょう。

ホットカーラー

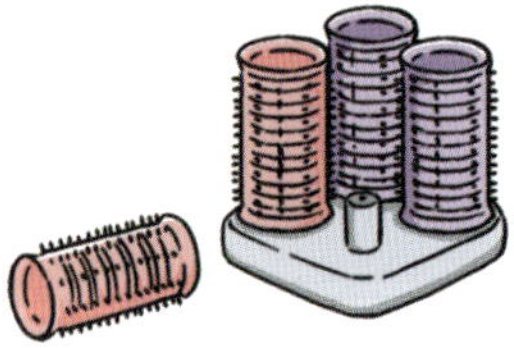

髪に大きなカールをつくる

あらかじめ電気で温めて使うカーラー。髪に大きなカールをつけたい時や、根元を立ち上げてふんわりさせたい時に便利です。

マジックカーラー

手軽にボリュームアップ

外側にマジックテープがついたカーラー。乾いた髪に巻き、内側の金属部分にドライヤーの温風をあてれば、ふんわりした髪に。

マジックカーラーでボリュームアップ

トップにボリュームがあると、若く見えます。根元までしっかり巻けるマジックカーラーで、髪にボリュームをつけましょう。

カーラーは前後に2個巻きます

❶頭頂部のやや後ろに、太めのマジックカーラーを2個巻く。根元までしっかり巻くのがポイント。

❷カーラーの内側に温風を15秒あてる。その後、冷風を10秒あて、カールを定着させたらカーラーを外す。

ヘアアイロンでカールをきれいにつけるコツ

きれいに仕上げるポイントを押さえれば、カールの持ちもアップ！

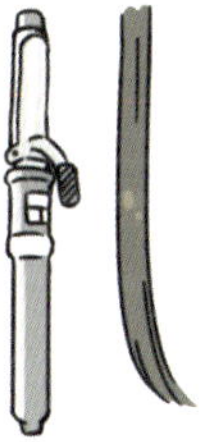

アイロンの直径と髪の量を同じくらいに

乾いた髪に使う

ぬれた髪はクセがつきにくいので、乾いた髪に専用のスタイリング剤をつけてからアイロンをあてましょう。

一度にたくさん巻かない

たくさん巻いても、髪に熱が届かなければ、うまくカールできません。アイロンの直径くらいの量の髪を取り、巻くようにしましょう。

11

簡単でおしゃれなヘアアレンジ

□大人のまとめ髪は、こなれた雰囲気が大切。「疲れている人」に見えないよう注意！

□アレンジ前のひと手間で、プロ級の仕上がりに

□「ふんわり」「ざっくり」感で今どきのスタイルに

事前の波巻きでアレンジ上手に！

アレンジ前に髪にウェーブをつけておくと、こなれた雰囲気になります。クセがつきやすいよう、毛束は少量ずつ取って巻きましょう。

❶髪を取り、根元の近くをヘアアイロンで内巻きにする。

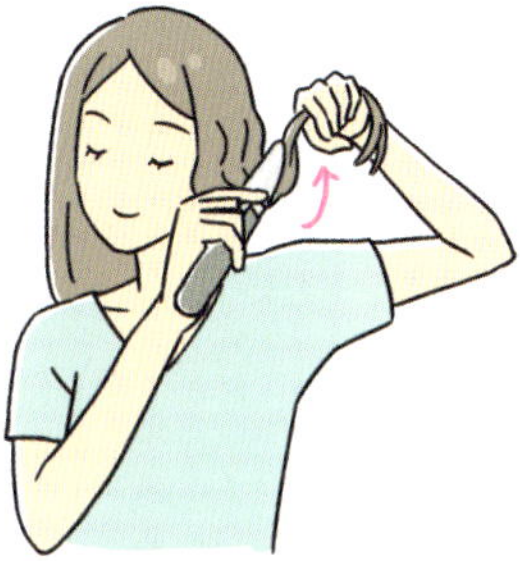

❷アイロンを毛先の方にすべらせ、ヘアアイロンで外巻きにする。

❸①②を根元から毛先に向かってくり返す。残りの髪も同じように波巻きをする。

ストレート用のヘアアイロンでも、同じ手順で波巻きができます。

基本のくるりんぱ

くるりんぱは、誰でもできるヘアアレンジのテクニック。基本を覚えれば、いろいろなヘアが楽しめます。

❶手ぐしで髪を後ろにまとめて、耳の高さで結ぶ。

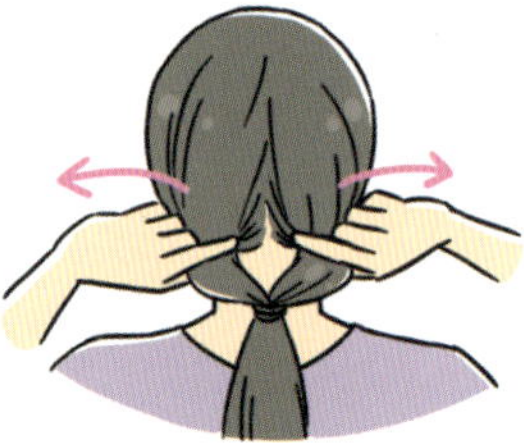
髪が二等分になる位置にすき間をつくる

❷ゴムを下にずらし、根元をゆるめ、指を入れてすき間をつくる。

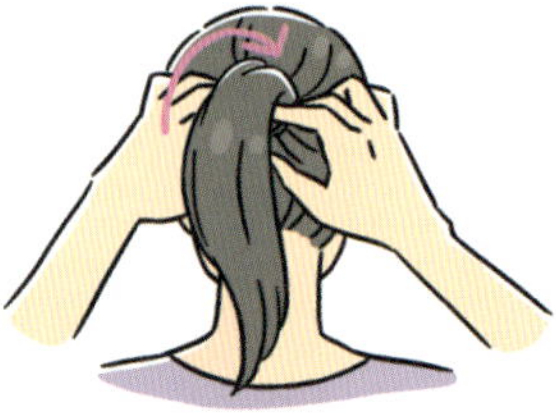

❸結び目を上に返して、②でつくったすき間に毛束を押し込み、そのまま下へ引き出す。

❹通した毛束を二つに分けて左右に引っ張り、ねじれを引き締める。

指でトップの髪をつまんで、ふんわりさせましょう

❺ねじれた部分をほぐし、トップをふんわりさせてこなれ感を出す。

ハーフアップのくるりんぱ

ミディアムやボブなど、ひとつ結びのくるりんぱができない人は、ハーフアップのくるりんぱにチャレンジ！

耳の3センチ上から斜めに取り分ける

❶髪を後ろに向かって取り分け、ゴムで結ぶ。

❷基本のくるりんぱ②～⑤と同じ要領で、結んだ毛束をくるりんぱする。

ワックスを髪全体につけておくと、髪が短くてもまとまりやすくなります。

長さ×毛量別 くるりんぱ アドバイス

長さ＼量	少ない	多い
ロング	耳の高さで結ぶと、ボリュームが出てバランスよく仕上がる。	首の付け根付近で結ぶと、バランスよく見える。
ミディアム	結んだゴムが見えがちなので、髪を引き出して隠す。	ねじれ部分にボリュームが出すぎないよう、軽くほぐす。
ボブ	毛束を多めに引き出してふんわりさせると、バランスがよい。	耳より高めの位置で結ぶと、スッキリとまとまった印象に。

簡単！二つ折り結び

時間がない時に便利なアレンジ。仕上げにバレッタを使うと垢抜けます。

耳より下、低めの位置で結ぶ

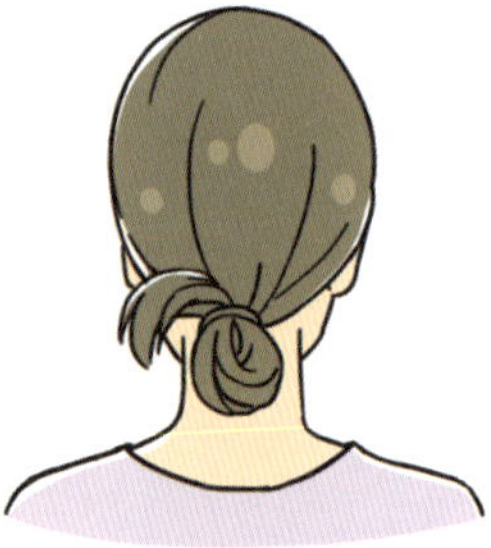

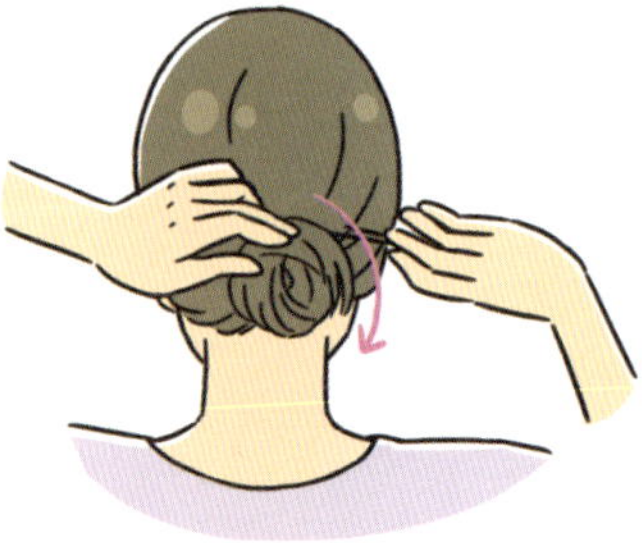

❶髪全体に少量のワックスをなじませ、手ぐしでひとつにまとめ、ゴムで結ぶ。最後に毛束を折り上げ、同じゴムをかぶせる。

❷結び目を押さえながら、余った毛束を結び目に巻きつけて、ピンで固定する。

❸結び目の少し上にバレッタをつけて、ゴムが目立たないようにする。

❹トップを引き上げて高さを出す。耳の後ろから後れ毛を引き出して、こなれ感を出す。

スタイリング剤の使い方

スタイリング剤の特徴に合わせて、使い方を工夫しましょう。

ワックスは少量をしっかりのばして使う

１円玉大の量を取り、手のひら全体にのばします。髪の中間から毛先まで、手ぐしで均等になじませます。

指の間までワックスをのばすと、髪にムラなくなじむ

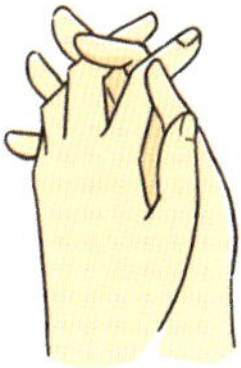

アレンジ後、髪の内側&外側からスプレーすると持ちがいい

つけすぎるとベタつくので、少量ずつ使うのがポイント

クセづけにもキープにも使えるスプレー

髪を持ち上げて下から吹きかけて、手でもみ込みます。20cm ほど離して吹きつけると、まんべんなく広がります。

オイルをなじませてサラサラヘアに

シャンプー後、タオルドライした髪に使うとサラサラに。オイルを手のひらに取ってのばし、両手で髪をはさんで上から下にすべらせます。

こなれ感を出すテクニック

今どきのヘアアレンジに欠かせないのが「こなれ感」。アレンジにひと工夫加えて、雰囲気を出しましょう。

トップはふんわりさせて高さを出す

トップがペタンコになっていると、老けて見えがち。アレンジの仕上げの時に軽く引き出して、ふくらませましょう。

後れ毛でニュアンスを出す

後れ毛を出して、ゆるさを演出。トップと、耳の後ろから髪を引き出します。鏡を見ながら、自分の顔の形が一番きれいに見えるように整えましょう。

耳にかかる後れ毛の量は、耳の３分の１くらいが隠れるのが目安です。

指をかみ合わせるようにして髪をまとめます

束ねる時は手ぐしでざっくり

手ぐしのざっくり感もトレンド。髪を束ねる時も、きっちりまとめるのではなく、指の間に髪を通してまとめます。指を通した跡が残るくらいの雰囲気になると◎。

キュッと結んだ髪をほぐすと、ニュアンスやゆるさが出ます

結んだら軽くほぐす

結んだ髪をほぐすと、やわらかな印象に。くるりんぱした根元や三つ編みなどをほぐし、こなれ感をアップさせましょう。

昼休み中↓
この間さ～
久しぶりに会った友人が
ひとみ～♡
変わらないね～
あれ!?
とってもキレイになってたの
大学の頃
友人↓
ひとみ↓
昔は私の方がかわいかったのに～
くぅ～っ
あ、先生
なぜかしら？
どれどれ
あっ
ズバリ！ひとみちゃんは
メイクが昔のままの古くさ顔になってるわ!!
ビシッ

おーい
生きてる～？
古くさ顔
ズ
シッ
若くてかわいかった頃のメイクを変えるのはコワイ？
古くさく見えるポイントを変えましょ
コレやってたら時代おくれ
古くさメイクの3大ポイント
アイライン
太い線でぐるりと囲んだ目
眉
鋭角で山くっきりの「への字」細眉
トレンドは定期的にチェックして
マスカラ
黒マスカラを何度も重ね塗りしたまつ毛

わかりましたっ
シャッ
WC
早っ!!
5分後
お茶
マスカラとまつ毛を変えてみました!
大人かわいい
ステキね
おお〜
私もナチュラル系にしようかな〜
ラクできそ〜
さらにうすく…
それ以上うすいとノーメイクですよっ
手抜き=ナチュラルではないのよ
顔のポイントになるパーツは丁寧にね
一番大事なのは「眉」!
イマイチ
OK!
眉を変えるだけで見違えるほど美人になるわ

でも眉って左右がバラバラになりがち…
あっ長くなっちゃった
描き方のポイント
❶描きやすい方から描く
❷眉山から描き始める
❸左右の眉頭の位置を合わせる
眉専用サロンを利用して
時にはプロの力をかりる
自分に合った方法を教えてもらうのもアリよ
友子さんもすぐ直そ〜
WC
美智さんここにいたんですか
くるり
あら
!!
バブルのままだ
はわわ
食事会があるからメイクに気合い入れたの！
どう？
ドジャーーン

12 メイクを見直して、旬の顔に

□新色のリップを投入するなど、常にメイクを更新して旬を取り入れる

□過去の自分に執着せず、年齢に合った美しさを見つける

メイクの見直しタイミング

肌質が変化してきた

加齢とともに、肌も老化していきます。厚塗りで隠すのではなく、ファンデーションを見直し、肌の状態に合うものに変えましょう。

メイクの仕方がマンネリぎみ

「チークの上にファンデを塗って、自然な血色に見せる」など、メイクの手法も増えています。新しいテクニックをいろいろ試してみて。

同じアイテムを使い続けている

新色のリップやアイシャドウをひとつ加えるだけでも、旬を感じるメイクになります。新しいコスメを取り入れてみましょう。

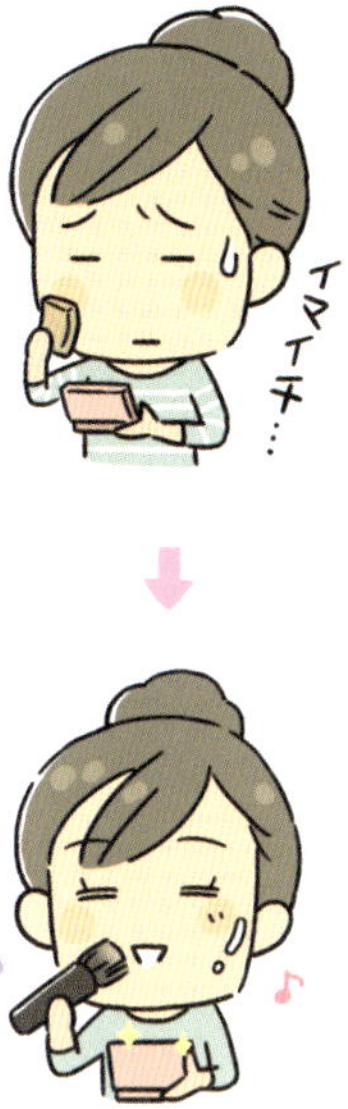

ファンデーションのパフを、薄く均一に塗れるブラシに変えるだけで素肌っぽいトレンド肌に！

そのメイク 5年前と同じじゃない？

メイクには流行があり、美人は時代に合ったメイクをしています。一方、何年も同じメイクをしている人は、「なんだか古くさい」という印象を与えているかも。メイクは定期的に見直すのが大切です。

アイテムを変えてトレンド顔に

眉メイクに、透明眉マスカラを加えれば、ふさふさした毛の流れが出て、旬な眉になります。また、リップやアイシャドウを流行色に変えるだけでも、旬の顔に。テクニックがなくても、メイクアイテムでトレンド感を出すことは十分できます。旬のアイテムもチェックしてみましょう。

13

素肌っぽく見せるベースメイク

□素肌を隠しすぎない肌がトレンド

□ファンデーションは薄めに仕上げ、シミ、くすみはコンシーラーでカバー

□仕込みチークで血色よく見せる

ベースメイクの基本

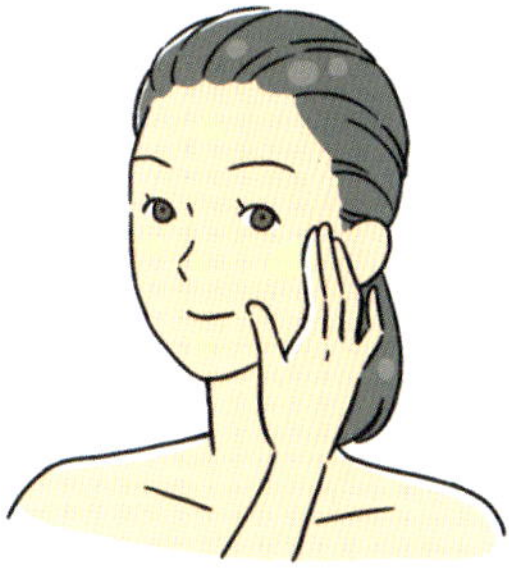

頬は多め、額とあごは少なめに置く

大人の肌には、なじみやすいリキッドファンデがおすすめ

❶下地

手の甲に適量を取り、両頬と額、鼻、あごにのせる。指の腹でムラなく広げたら、スポンジで整える。

❷リキッドファンデーション

頬→額→鼻筋→小鼻→目元→あご→口元→フェイスラインの順に、内から外に向けて薄くムラなく塗る。

矢印の方向に指の腹で叩くようにしてなじませる

❸コンシーラー

クマやくすみ、小鼻の赤み、口元のくすみなど、気になるところにコンシーラーをのせ、指で薄く広げる。

❹仕込みチーク

ニコッと笑うと高くなる位置にクリームチークを少量のせる。薬指で広げ、なじませる。

❺フェイスパウダー

ブラシで顔全体をふわっとなぞるようになで、なじませる。

14

タイプ別 美眉のつくり方

□眉はトレンドの出やすい場所。
時代に合った眉で旬の顔をつくる

□ペンシル、パウダー、眉マスカラ…
眉タイプに合わせて道具を使い分ける

□眉の描き方に迷ったら
「眉サロン」など、プロの力を借りるのもＯＫ

美眉をつくる４つのポイント

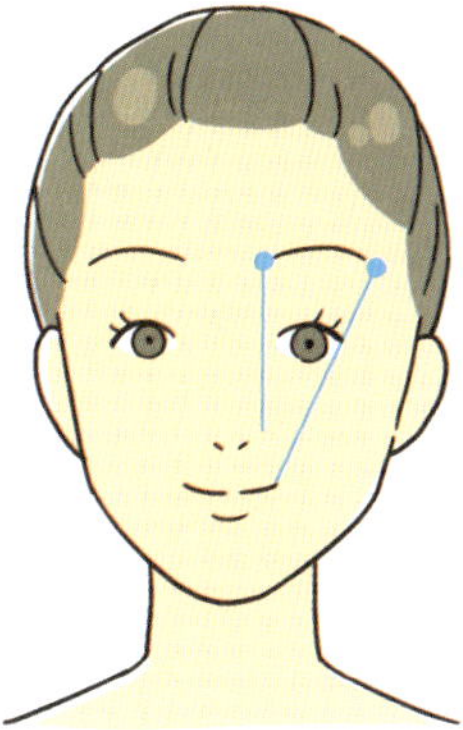

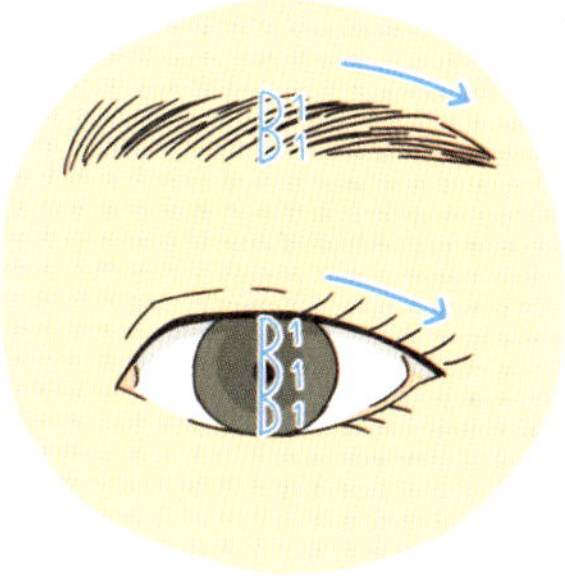

❶始点は小鼻の延長線上

❷長さは口角と目尻の延長線上

眉頭は小鼻のふくらみの始まりと合わせる。口角と目尻の延長線より長い毛はカットする。

❸太さは黒目の３分の２が目安

❹角度は目の丸みに合わせる

眉山から眉尻の角度を目の丸みに合わせると、バランスのいい形になる。

ナチュラルな太め眉がトレンド

眉の形は流行に大きく左右されます。時代に合わせて眉の描き方を変えましょう。

今っぽいのは、眉山を少し感じる太めの眉。角度は目の丸みに合わせ、自眉を活かしながら、毛のない部分をアイブローパウダーで埋めると、ナチュラルに仕上がります。

左右の差を整えて美眉に

眉の形は左右で微妙に違います。まったく同じにするのは難しいので、左右の差が気になる時は、眉頭の高さをそろえるようにしましょう。

眉頭の下にアイブローパウダーで眉を描き足して、眉頭の高さをそろえると、バランスよく見えます。

薄い眉の場合

ムラになりにくい幅広のペンシルとブラシで、自然な太眉に仕上げて。

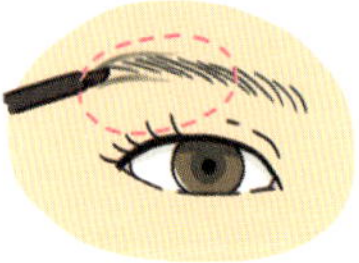

❶毛量の薄い眉から描く。黒目の内側から眉尻まで、ペンシルの先を寝かせてアウトラインを引き、はみ出た毛はカットする。

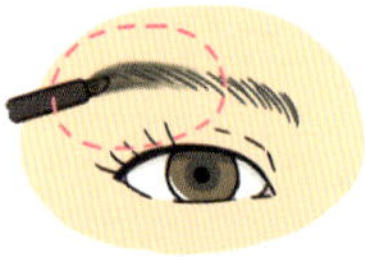

❷眉山から眉尻をペンシルで整える。左右の眉で太さに差がある場合は、太い方に合わせてペンで埋める。

❸全体をパウダーで整える。幅広のブラシを使うと、薄眉を自然に整えられる。眉頭には自眉より薄い色をのせる。

おすすめアイテム…芯が平らなペンシル、幅広のブラシ

上がり眉の場合

底辺のラインを水平に書いて、角度を出さないのがポイント！

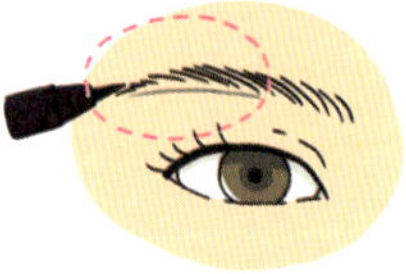

❶密着度の高いリキッドで、黒目の内側から眉尻に向かって、眉の下に水平なラインを描く。眉より明るめの色を選ぶと、自然に見える。

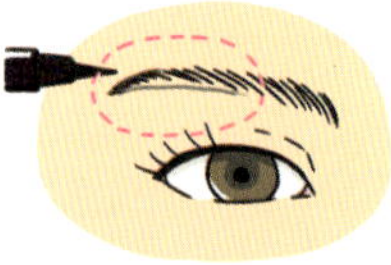

❷眉山から眉尻に向かって、線を入れる。アーチがきつくなるので、眉山から内側には手を入れない。

❸①のアウトラインと自眉のすき間をリキッドで埋め、上からパウダーで太さを出す。眉頭はマスカラを下から上に動かし、自然に埋める。

おすすめアイテム…眉より明るめのリキッドアイブロウ、眉マスカラ

眉アイテムの特徴

線を引く時、面を埋める時など、目的に合わせて使い分けましょう。

ペンシル・リキッド

眉のアウトラインを描く時に使います。リキッドは色落ちしにくく、持ちがいいのが魅力。芯が平らなペンシルは、面を埋めることもでき便利。

パウダー

パレットタイプとチップタイプがあり、面を埋める時に使います。チップタイプは、ペンシルやリキッドと一体型になったものもあります。

マスカラ

眉毛を立ち上げ、流れを出します。透明なものは眉にツヤを与え、なぞった部分をコーティングするので、夜まで美眉をキープできます。

ペンシルとチップパウダー、ブラシがセットになったアイテムもあります

濃い眉の場合

ボサ眉にならないよう、ブラッシング。ペンシルでの描きすぎに注意！

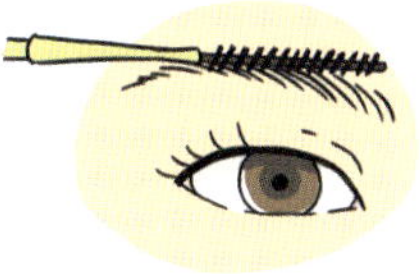

❶スクリューブラシでブラッシングし、眉毛を根元から立たせる。

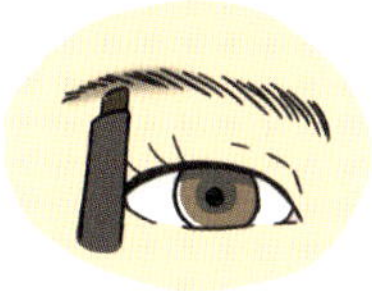

❷理想の眉に足りない部分をペンシルで描き、アウトラインを整える。余分な毛はカットする。

❸眉マスカラを眉全体に使う。眉よりワントーン明るい色を選ぶと、ナチュラルな仕上がりになる。

おすすめアイテム…芯が平らなペンシル、眉マスカラ

15 小顔に見えるチークテクニック

□チークで肌のくすみやほうれい線をカバー

□仕込みチークで血色を底上げし、
淡い色のパウダーチークで
肌に溶け込ませる

□カラーはピンクとベージュを使い分け

チークは２色を使い分け

やさしい印象のピンク系

仕込みチーク（→ P63）をした上にのせます。上下に半円を描くようにブラシを動かしましょう。

知的なベージュ系

仕込みチークの外側から、フェイスラインに向かって入れ、縦長に仕上げると小顔効果アップ。

ブラシを使うとムラにならず、仕上がりがきれいです。毛先が斜めにカットされているものが、頬にフィットしやすくおすすめ。

くすんだ顔をカモフラージュ

くすみやシワが目立つ時こそ、チークで血色アップしましょう。ベースメイクの一環として、クリームチークを少量仕込み、フェイスパウダーを塗ります。その後、パウダーチークをブラシでふんわり重ねると、自然な血色に見え、色持ちもよくなります。

大人ピンクとベージュを使い分け

カラーは、ピンク系とベージュ系の２色があると便利。ピンク系のチークは若い人のものと決めつけてはソン。薄いピンクなら、年齢を問わず肌になじみ、やさしい印象になります。

知的に見せたい時は、ベージュ系がおすすめ。シェーディング効果で、小顔にも見えます。

16

口紅で美人を演出

□流行りの色にするだけで、今っぽくなる

□同じ口紅でも、ブラシを使う、直塗りする、指を使うなどの塗り方で印象が変わる

いい女っぽく見せるなら
赤の口紅がおすすめ！

塗り方を変えて楽しむ

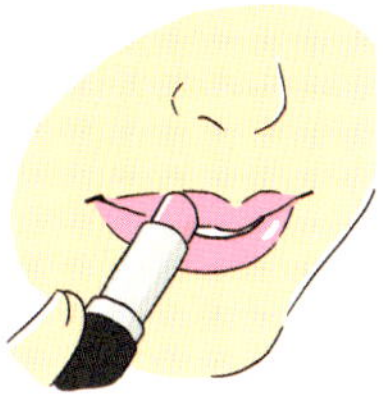

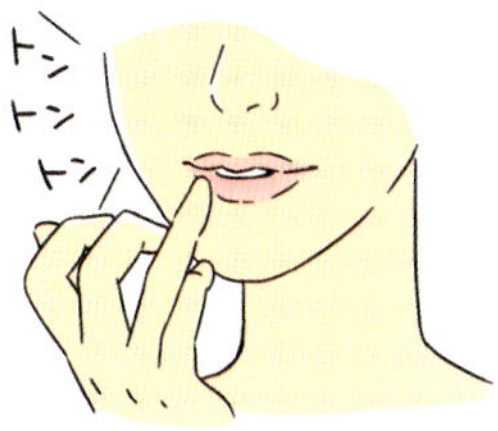

直塗りで発色よく

口紅を唇に直塗りすると、発色がよく、ほどよいラフ感も出ます。輪郭から口紅がはみ出したら、綿棒で拭き取りましょう。

指でなじませてナチュラルに

口紅を指先に取り、トントンと叩きながら唇になじませます。やわらかな印象になるので、赤い口紅をナチュラルに見せたい時におすすめ。

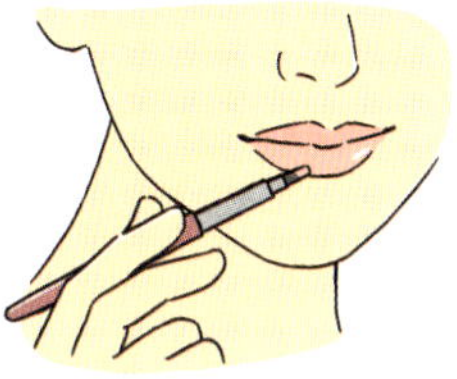

指とリップブラシで上品な印象に

上唇は指でラフに塗り、下唇はリップブラシで輪郭をとって塗ると、上品な雰囲気になります。

塗り方を変えて、流行色を使いこなす

ファッションに流行色があるように、口紅にも旬の色があり、赤などの華やかな色が流行ることも。

鮮やかな色は、おしゃれをして出かける時にはぴったりですが、普段使いには難しい…。そんな時は、指で塗るのがおすすめ。口紅を手に取り、トントンと叩くように塗ると、鮮やかさがやわらぎ、合わせやすくなります。

肌なじみのいい色を1本を持つ

ピンクベージュなど、肌なじみのいい色は好感度が高く、流行に左右されないので、1本あると便利。肌の色や顔立ちによって似合う色は違うので、マイ定番を見つけましょう。

メイク前のマッサージ

メイク前にマッサージすると、リンパが流れて血行がよくなり、化粧のノリもよくなります。メイク前の習慣にしましょう。

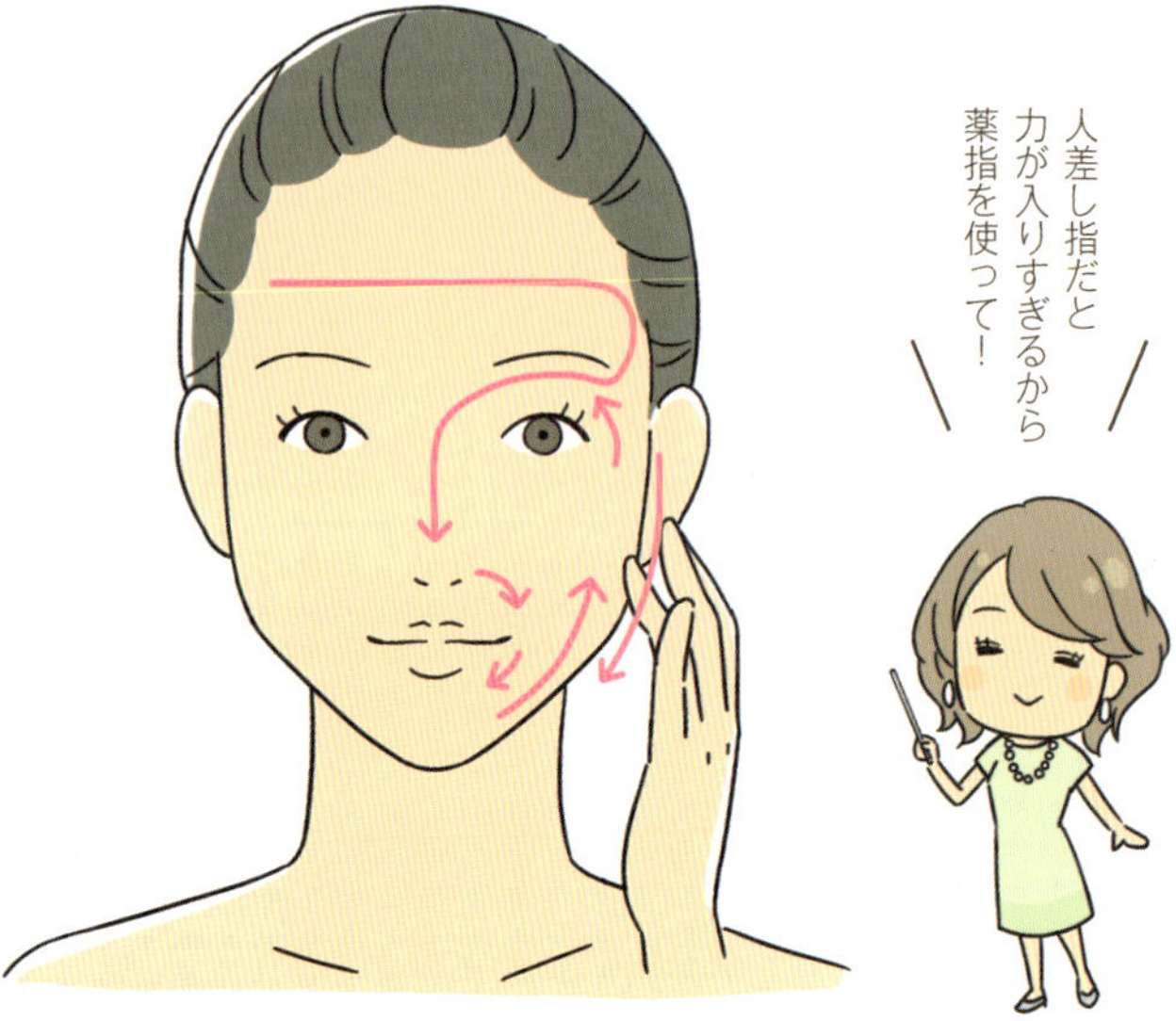
人差し指だと
力が入りすぎるから
薬指を使って！

乳液をつけ、顔をやさしくマッサージ

❶額→眉→鼻筋→小鼻→口元→頬→目元→フェイスラインの順に、なでるようにマッサージする。

❷反対側も同じようにマッサージする。①～②をもう一度くり返す。

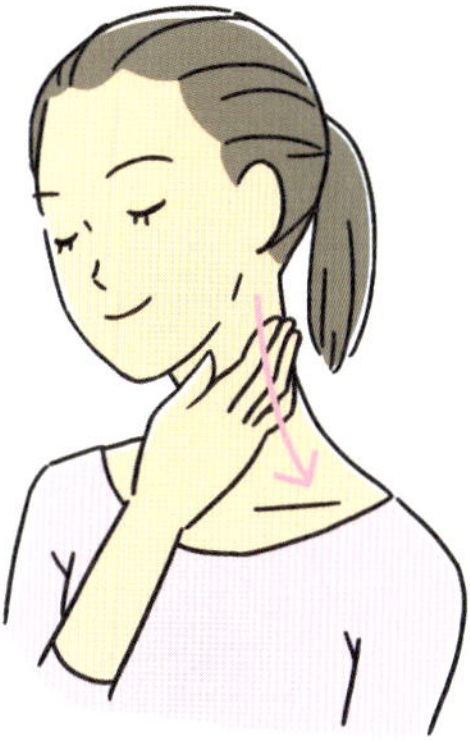

❸耳の後ろに４本の指をあて、首に向かって軽く押しながらなでて、リンパを流す。

肌に乳液やマッサージクリームを塗って、指のすべりをよくし、肌に負担をかけないようにしましょう。

時間がない時は
耳たぶマッサージ

耳はリンパのたまりやすい場所。耳を指でつまんで上から下へ、下から上へと３往復もみ、リンパの滞りを解消しましょう。

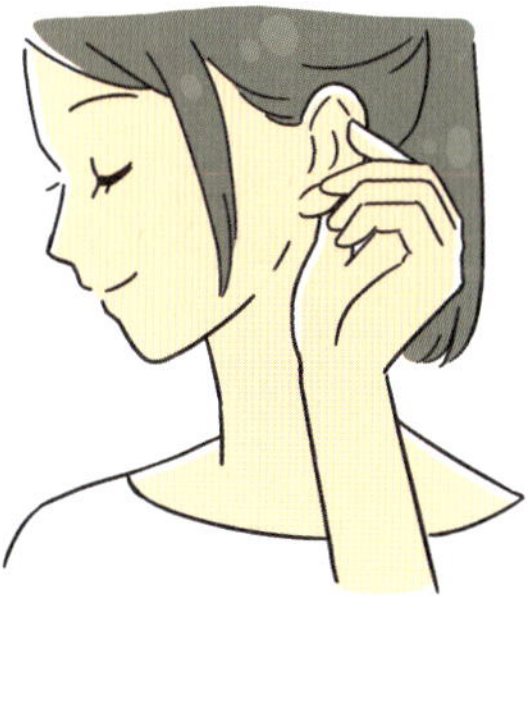

chapter 02

美人になる スキンケア& エイジングケア

いつものスキンケア＆エイジングケアを
見直して、お手入れの効果をアップ！
正しいやり方を学んで、
効率よく美しくなりましょう。

社員旅行で温泉に
ひとみちゃんお肌ピチピチ～
そんなことないですよ～
あったまる～
カポーーン
私のすっぴんなんてアラだらけ
はぁ～あ
若い時からちゃんとお手入れしとけばよかった…
クマ
シミ
今からでも遅くないわよ
英恵先生！
スキンケアは手抜きしてはダメ
スキンケアをさぼると
毛穴が目立つ
シミ
ニキビ
肌トラブルが起きやすい
素肌がきれいなら厚塗りメイクしなくていいわ
あとでスキンケアチェックしましょう
はーい
でももうちょっと…

いいお湯だったね〜
ホカ
ホカ
はふ〜〜
よいしょっ
さっそく
お手入れしましょ
ズラ
ズラ〜
それ
すごく
高い化粧水
ですよね
Premium
Lotion
高級化粧水で
肌にうるおいよ！
パン
パン
ブブー
× 激しく叩くと
肌を傷める原因に
○ 保湿するなら化粧水より
美容液やクリームに
お金をかける
シートパック
くるっ
私は洗顔したら
すぐにコレを
使ってます
2枚重ね
です
ブー
ひとみ
さん？
それも
ちがう…

シートマスクは美容液と同じ役割なの
化粧水の後に使うのよ
使った後は乳液やクリームを忘れないでね
えっ そうなの？
私はコレひとつだけ
化粧水も美容液も乳液もこれ1つでOK
オールインワン
便利だけど効果はそれなりよ
ケア用品は別々の方がそれぞれの効果をしっかり得られるわ
使われている成分も多いから肌荒れするリスクが高いの
肌が弱い人は注意してね
へえ～
スキンケアって思い違いしてることが多いのね…
この化粧水高かったのに…
ショボン

間違いやすいスキンケア

クレンジング

✕ 力を込めて念入りにゴシゴシこする

○ 汚れをスッと浮かせて、すばやく流す

洗顔

✕ 冷水ですすぎ、肌を引き締める

○ 30～34℃くらいの湯ですすぎ、肌の乾燥を防ぐ

美容液

✕ お手入れの最後に使う

○ 化粧水の後に使い、肌に浸透させる

17

スキンケアを見直して美肌になる

□いつものお手入れにテコ入れして、肌力をアップする

□美容好きな人ほど、やり方を勘違いしていることが多い

間違えがちなNGスキンケア

クレンジングのついでにマッサージするのもNG

NG

ゴシゴシこするクレンジング

クレンジングは、サッと汚れを浮かせて洗い流すのがポイント。指でグイグイとマッサージしても、肌を傷めるだけです。

NG

シャワーで洗顔する

シャワーの温水は40℃くらいで熱く、しかも水圧が加わるので、必要な皮脂まで落としてしまいます。乾燥の原因になるので避けて。

顔の皮膚は非常に薄く繊細です。できるだけ刺激を与えないようにしましょう。

肌の調子がいまいちなら見直しを

メイクは落としてから寝るし、スキンケアもきちんとしているのに、肌の調子がいまいち…という時は、やり方が合っていないのかも。正しくケアできているか、一度見直してみましょう。

美容好きこそケア法を間違えがち

実は、美容に気を使っている人ほど間違った方法にハマりがち。汚れをしっかり落とそうとしてゴシゴシと洗ったり、保湿のために化粧水を肌に叩き込んだりと、美容への熱心さが肌への刺激につながってしまうのです。

スキンケアはそれぞれに目的と手順があります。自己流でやり通すのではなく、効果的なケア法を知って、肌を美しくしていきましょう。

18

肌にやさしいクレンジング法

□ 肌を動かさない程度のやさしい力で汚れを浮かす

□ パーツに応じて手のひらと指先を使い分ける

□ ポイントメイクは先に落としておく

やさしーく
汚れはやさしく
浮かせて
サッと洗い流すのよ

パーツ別クレンジングのポイント

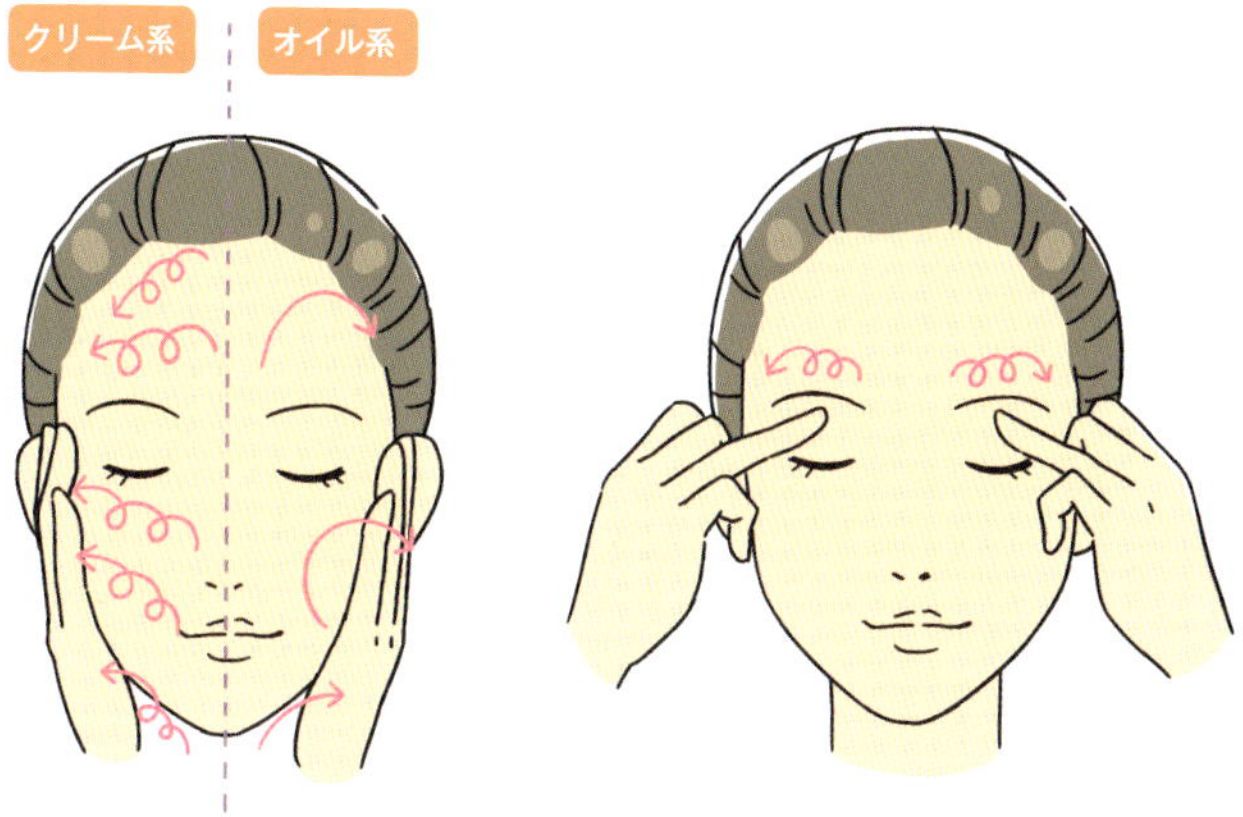

クリームタイプはクルクルと、オイルは大きな円を描くようにしてなじませます

手のひらで落とす

手のひら全体にクレンジング剤をなじませ、顔の広い部分の汚れを落とします。肌が動かないくらいの力で、やさしく広げましょう。

指先で落とす

眉・目のキワ・小鼻は指を使います。薬指で回すようにして円を描くクレンジング剤をなじませ、汚れを浮かせましょう。

汚れをスッと浮かせて落とす

肌に汚れが残っていると、その後のスキンケアの効果も下がるので、クレンジングは重要です。しかし、しっかり落とそうと力を入れてゴシゴシ洗うと、肌を傷めてしまいます。力を入れなくても汚れは落ちるので、肌の摩擦を最小限にすることを心がけましょう。

頬や額などの広い部分には手のひらを、眉などの細かな部分は薬指を使うと、力を入れなくても汚れを浮かせることができます。

目元や唇は専用のクレンジングを

目元や唇は、摩擦によるダメージを受けやすいパーツ。専用のクレンジング剤で、先に落としておきましょう。細かい部分は綿棒を使うと便利です。

19

うるおいを守る洗顔法

□皮脂汚れの多いゾーンから泡を転がすようにして洗う

□すすぎは30～34℃くらいのぬるま湯が適温

□洗顔料はシンプルなものを

洗顔のポイント

泡立てネットを使うと簡単！

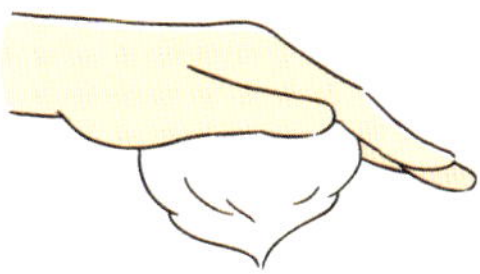

もっちり泡で洗顔する

手のひらを逆さにしても落ちないくらいの濃密泡がおすすめ。泡がクッションになり、洗顔時の肌の摩擦を防ぎます。

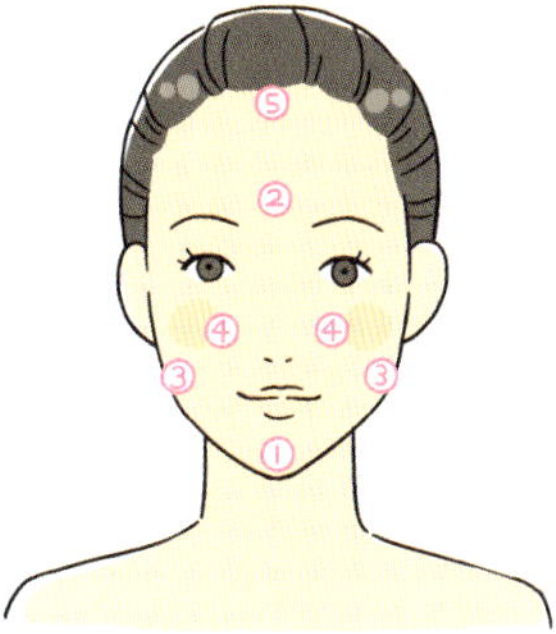

皮脂汚れの多いゾーンから洗う

あご→Tゾーン→フェイスライン→頬→髪の生え際の順で、泡を転がすようにして洗います。

皮脂汚れが少ない頬は、手のひらでさっと泡を広げるくらいでOK。

こすりすぎ、落としすぎに注意

余分な角質や皮脂、日中についたホコリなどを落とすのに欠かせない洗顔。洗顔で気をつけたいのは、肌への刺激を最小限に抑えることです。

ポイントは「摩擦とすすぎの温度」。指で肌をこすらないよう、泡をつくり、肌の上で転がすようにして洗いましょう。また、すすぎの湯は体温より低めにし、皮脂の取りすぎを防いで。

洗顔料に美容成分は不要

洗顔料は最後に洗い流してしまうので、保湿などの美容成分が入っていても、効果はあまり期待できません。シンプルにつくられている石けんタイプがおすすめ。適度な洗浄力で、どんな肌質の人にも向いています。

20

肌を整える化粧水の使い方

□化粧水の役割は
「肌の水分補給」ではない。
洗顔後の肌を整え、
美容液などの浸透をよくするのが目的

□化粧水は手でやさしく押さえて、
肌にじっくりなじませる

化粧水の勘違いあるある

NG

たっぷり使って保湿する

化粧水をたっぷり使っても、それだけでは肌の保湿はできません。しっかり保湿するには、美容液やクリームが必要です。

NG

パッティングした方が浸透する

今どきの化粧水は、パッティングしなくても浸透します。やりすぎると肌を傷めてしまうので、軽く押さえてなじませましょう。

NG

化粧水にオイルを混ぜると、乳液を使わなくてもよくなる

どんな化粧品も、用法と用量を守って使うことが基本。使い方を自己流でアレンジすると、本来の効果が発揮できなくなるので気をつけましょう。

化粧水で保湿はできない

化粧水の目的は、洗顔後まっさらな状態になった肌に水分を与え、その後のケアの浸透をよくすることです。化粧水で保湿をしようとする人がいますが、水分に溶ける保湿成分は限られているので、化粧水に保湿機能を期待するのはやめましょう。

少量をやさしく浸透させる

一度にたくさんの化粧水を使っても、肌になじみ切らず、乾燥しがちな肌ほど水分を弾いてしまいます。化粧水は少しずつ肌につけ、手のひらでやさしく押し込むようにして、じっくり浸透させましょう。勢いよくパッティングすると炎症の原因になるので気をつけて。

21

効果を高める美容液・クリームの塗り方

□美容液は化粧水の後に塗り、クリームはスキンケアの最後に使う

□美容液やクリームはケチらず、用法・用量を守って効果を発揮させる

□浸透しやすい状態にして、効果をアップ

美容液の浸透を高める方法

使う順は商品の用法に従って

ブースター化粧品を使う

洗顔後、スキンケアする前にブースター化粧品を使うと、肌の表面が柔らかくなり、美容液などが浸透しやすくなります。

指でなくハンドプレスで

美容液は適量を手に取り、顔全体にまんべんなくなじませます。最後に手のひらでやさしく顔を包み込むと、より浸透しやすくなります。

美容液は成分に注目を。保湿にはセラミド、ヒアルロン酸、コラーゲンなど、美白にはビタミンC誘導体、アルブチン、エラグ酸などが配合されたものを選んで。

効果を高める使い方を

美白や保湿、シワなどに効果のある美容液やクリームは、肌の悩みに合わせて使うのが基本。あれこれ使うと、美容成分の効果が分散してしまうので、一度に使うのは1種類にしましょう。悩みが多く、2種類使いたい場合は、朝と夜で使い分けを。

効果を高めるため、肌をやわらかく整え、浸透をよくするブースター化粧品を使うのもおすすめです。

用量を守り、顔全体に使うのが基本

化粧品は用法・用量を守ってこそ効果を発揮します。高価だからと、美容液の用量を守らなかったり、気になる部分にだけ使うのはやめましょう。

若さを保つ デコルテと手のケア

首まわりと手の甲は、年齢が出やすいゾーン。しっかりケアして、いつまでも若々しい状態をキープしましょう。

デコルテのケア

スキンケアの後に、ボディクリームやオイルをつけてマッサージ。ハリとツヤのあるデコルテを目指しましょう。

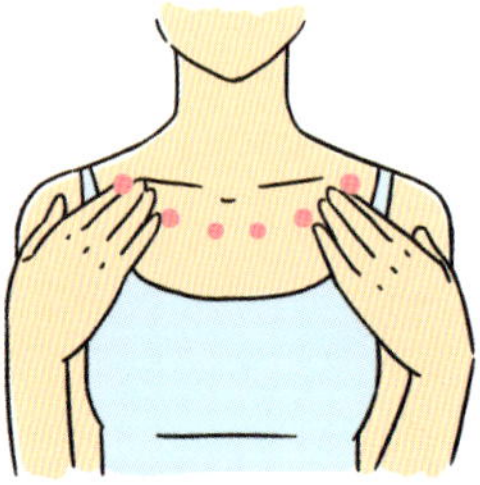

❶鎖骨の下を内側から外側へ、3本の指で3ヵ所指圧する（3回）。

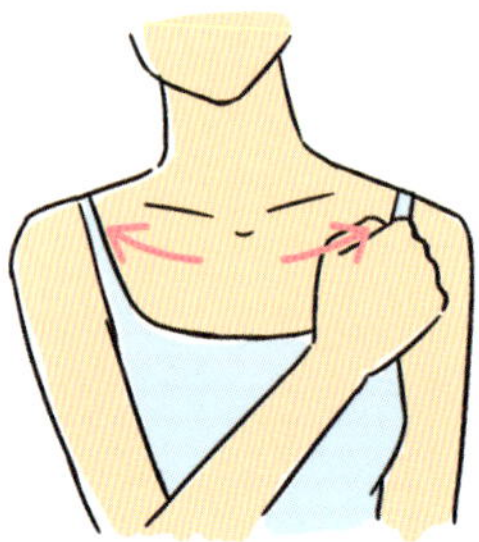

❷鎖骨の下にグーの手を軽くあて、内側から外側へすべらせるようにマッサージする（左右3回）。

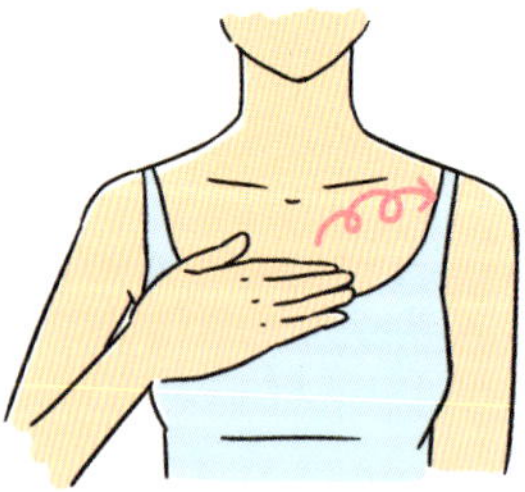

❸バストの上に人差し指～薬指の3本をあて、内側から外側へ、円を描くようになでる（左右3回）。

ハンドケア

お風呂上りや寝る前に、ゆったりした気持ちでマッサージしましょう。

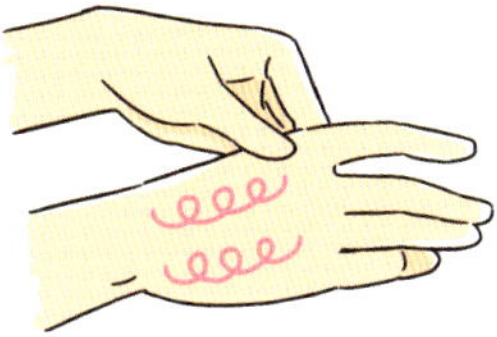

❶手全体にクリームをなじませ、親指の腹を使い、反対の手の甲を円を描くようになでる。

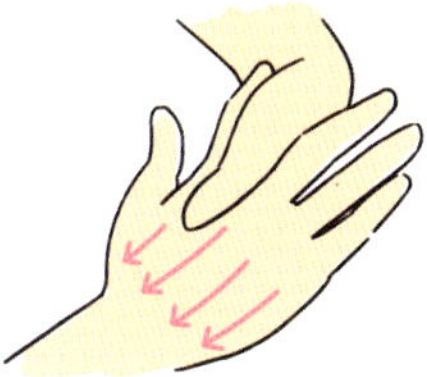

❷親指の腹を使って、手の甲の骨と骨の間を手首に向かってマッサージする。

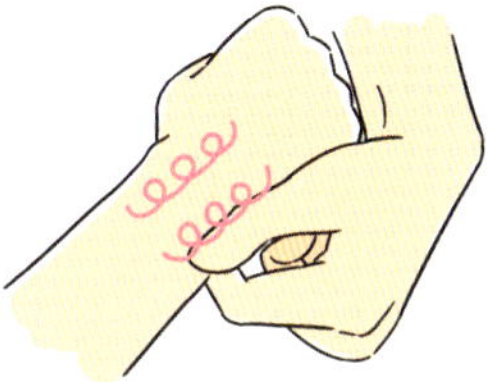

❸甲から手首に向かって、親指で円を描くようにマッサージする。

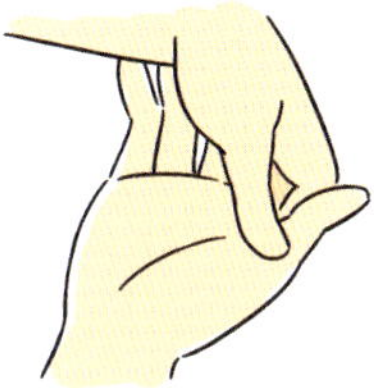

❹手首から指先に向かって手のひらを親指で押し、マッサージする。

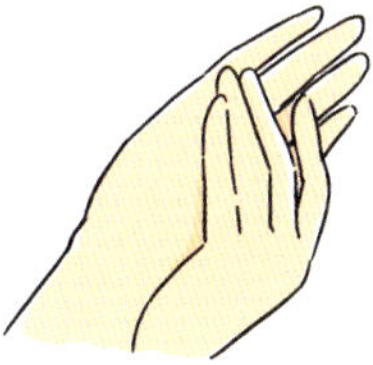

❺手の甲全体を反対の手で包み、手首から指先に向かってハンドプレスする。

美智の実家
あ〜
いいお湯だった
実家はラク〜
なんか最近、肌がツヤツヤしてるねぇ
ふふん♪
スキンケアを変えてみたのよ！
ねーねー
ママ
これみて〜
ん？
なあに？
ママがいる〜
それはおばあちゃんよ!!
ママはこっち
そっくり
だから
間違えたのね
ワハハ

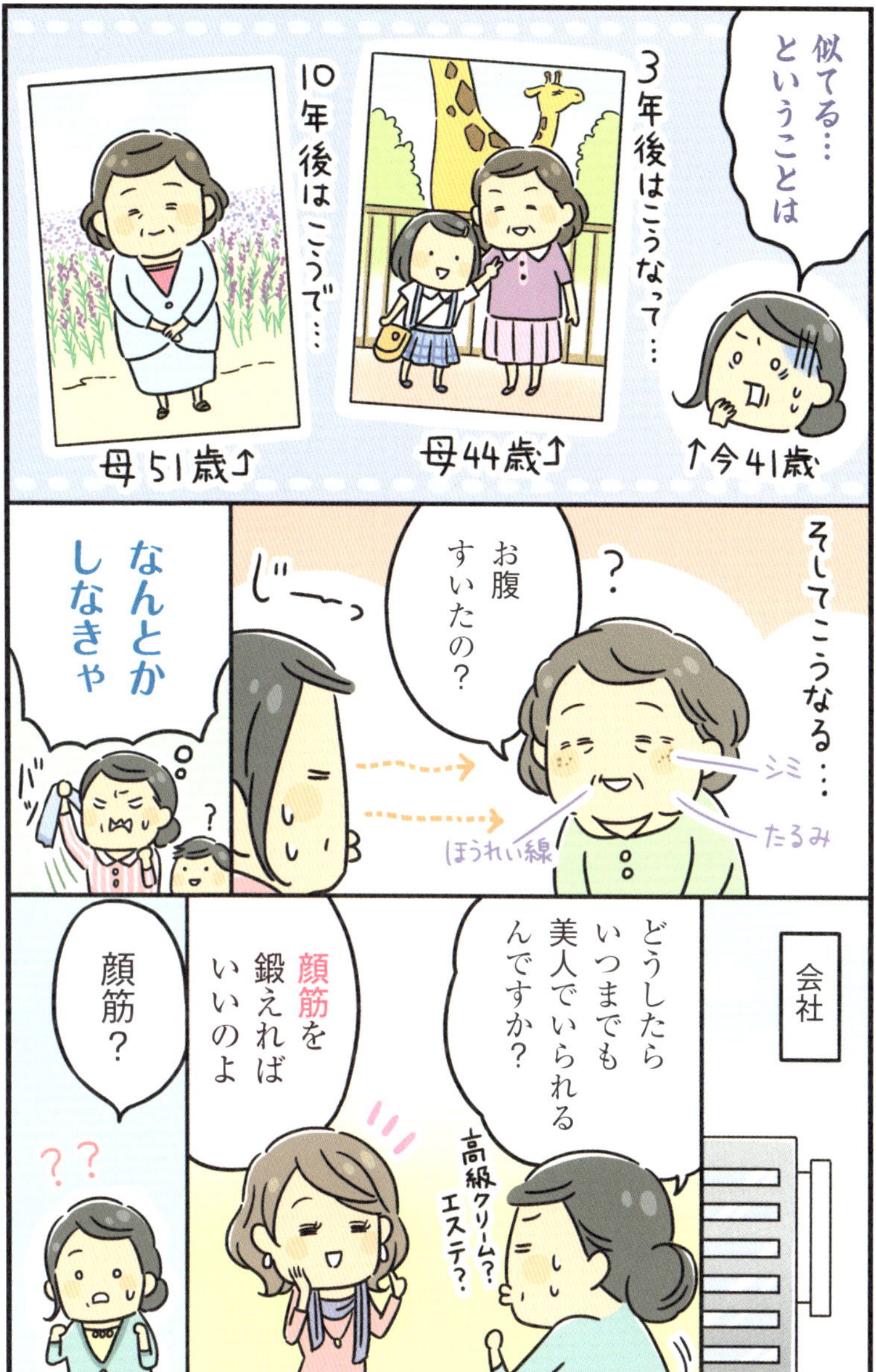
似てる…ということは
3年後はこうなって…
10年後はこうで…
↑今41歳
母44歳↑
母51歳↑
そしてこうなる…
?
お腹すいたの?
じーっ
シミ
たるみ
ほうれい線
なんとかしなきゃ
バッ
?
会社
どうしたらいつまでも美人でいられるんですか?
高級クリーム?エステ?
顔筋を鍛えればいいのよ
顔筋?
??

ほうれい線に効く！

顔筋フィットネス

1 右目をつむり、右の口角を上げてギュッと引き寄せる

2 もどす

5秒キープ

3 左目をつむり、左の口角を上げてギュッと引き寄せる

4 もどす

5秒キープ
1～4を5回くりかえす

朝・夜のスキンケアの後にするといいわ
鏡を見て確認しながら行ってね
こうですか？
ぎゅっ
いいわね！

日常の行動がたるみやシワの原因になることもあるから気をつけてね
NG
ずっと下を向く
あごがたるんだり、首にシワができる
30分に1回くらい
上を向いて首をのばす
NG
高いまくらを使う
首にシワができる
立った時と同じ姿勢になるよう、枕の高さを調整する
あとこんな方法も…
えっ?
後日
パリーン
美智の家
高級カップ
割っちゃった…
ゴメンなさい
グス…
いいのよ…
ガマンガマン
笑顔は
シワもたるみもカバーするのよ

22

シワ・たるみの原因&ケア法

□シワもたるみもコラーゲンの減少や生活習慣が主な原因

□顔筋を鍛えることで、シワの定着を予防できる

老け見えするシワ・たるみの原因

おでこのシワ

紫外線や乾燥による肌の衰えや表情のクセ、ストレスなどが原因。おでこにシワを寄せるクセがある人は注意しましょう。

ケア方法
- シワ・たるみ改善の顔筋フィットネス→ P98
- 食事・生活改善→ P99

ほうれい線

頬のたるみが主な原因。たるみは、加齢によるコラーゲンの減少や顔筋の衰え、皮下脂肪の増加などで起こります。

ケア方法
- ほうれい線に効く顔筋フィットネス→ P94
- 食事・生活改善→ P99

若くてもシワ・たるみはできる

シワやたるみは、加齢により皮膚の弾力が失われることが原因ではありません。紫外線で肌のハリが失われたり、眉間を寄せるクセでシワが定着することもあります。若くても安心は禁物なのです。

ひどくなってからの改善は難しいので、早めにケアしましょう。

顔筋を鍛えて老いを防ぐ

表情を変えなければ、シワができないのでは？　と思いがちですが、顔を動かさないと筋肉が衰えて肌のハリがなくなり、シワやたるみの原因になります。朝夜のスキンケアの後に顔筋フィットネスを取り入れて、顔の筋肉を鍛えましょう。

シワ・たるみ改善の顔筋フィットネス

顔筋を鍛えて、老け見え防止！１日に５セット×２回が目安です。

おでこのシワ予防

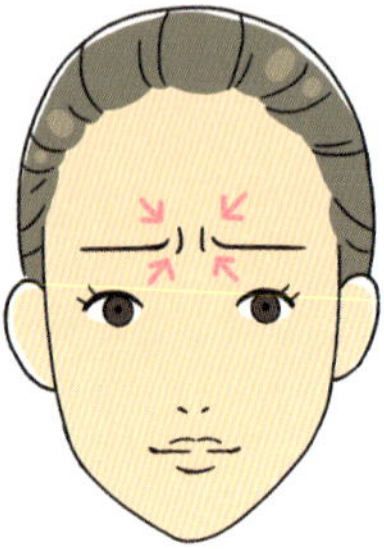

❶眉をしかめる表情で、眉間に縦ジワをつくる。５秒キープして、ゆっくり戻す。

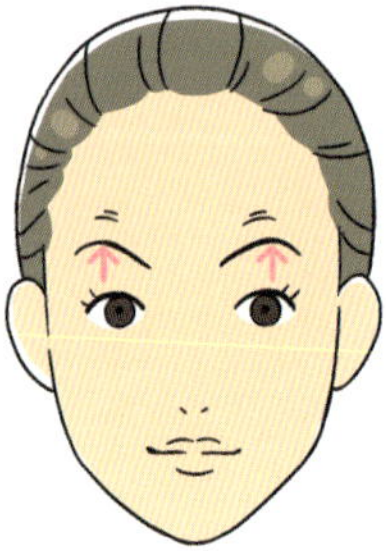

❷目を見開いて眉を上げ、横ジワがはっきり見えるようにする。５秒キープして、ゆっくり戻す。

首のたるみ予防

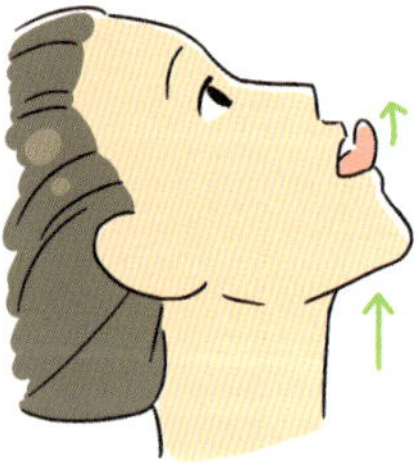

❶あごを上げて首をのばし、舌を出す。

顔と天井が平行になるくらいまで、あごを上げましょう

❷さらにあごを上げて、舌を天井に向けてしっかりのばす。５秒キープし、ゆっくり戻す。

首の後ろはいろいろな神経が通っているので、痛くない範囲で行いましょう。

シワ・たるみに効く食材

肌のハリやうるおいをつくる食材を食べて、肌力をアップ！

手羽先	皮膚のみずみずしさや弾力を保ち、肌にうるおいを与えるコラーゲンがたっぷり。ビタミンＣを含む食材と同時に摂ると、コラーゲンの吸収力が高まる。
キウイ	果物のなかでもビタミンＣの含有量が多い。ビタミンＥも多く、新陳代謝を活性化させて、美肌に導く。
ホタテ	コラーゲンの生成に欠かせないシリカが豊富。ビタミンＣが豊富な食材と一緒に摂ると効果的。
納豆	女性ホルモンに似た働きをする大豆イソフラボンが、肌にハリをもたらす。ビタミンＥやサポニンなど、美肌成分もたっぷり。

クセを直してシワ・たるみを予防

日常生活でシワやたるみの原因を見つけ、改善しましょう。

デスクワークの人は要注意！

目を細めるクセを直す

本を読んだり、パソコンのモニターを見る時に目を細めるクセは、眉間のシワの原因になります。

ねこ背を改善し、たるみを予防

ねこ背であごを突き出した状態で長時間座っていると、顔のまわりがたるむ原因に。二重あごにもつながるので気をつけましょう。

いつも笑顔でいると表情筋が鍛えられ、シワやたるみを予防できます（→P27）。

23

くすみをなくして美肌に

□肌がくすむと老け顔に。
正しくケアして、透明感のある肌に

□くすむ原因は
メラニン、乾燥、血行不良など様々。
原因に合わせたケアで解消を

症状別・くすみのケア法

複数の症状が同時に起こることもあるので、肌をよくチェックして！

日焼け後にくすんだら
メラニンがたまっている可能性大

日焼けでメラニンがたまり、排出がうまくいかないと、肌全体がくすみます。美白化粧品でケアしましょう。

乾燥するとグレーっぽい肌に
保湿で肌に透明感を

肌にうるおいがなくなると、グレーがかった肌になります。保湿ケアをして、肌に明るさを取り戻して。

褐色がかった灰色肌は
ピーリングで古い角質を除去！

肌の新陳代謝がうまくいかないと、古い角質が残ってくすみます。ピーリング用の化粧品で余分な角質を取り除きましょう。

青っぽくくすんでいたら
食事で貧血を改善

血行不良になると、青っぽくくすみます。鉄分の多い食材を食べて貧血を改善したり、マッサージや軽い運動で代謝をアップさせて解消を。

24

タイプ別・クマの解消法

□クマは「青クマ・茶クマ・黒クマ」の３タイプ。
それぞれに適したケア法がある

□眼の酷使もクマの原因。
パソコンやスマホの使い方を工夫し、
クマを予防

クマの見分け方とケア方法

クマの判別方法

目尻を横に引っ張った時に
- クマが薄くなる→青クマ
- 変わらない→茶クマ

上を向いた時に
- クマが薄くなる→黒クマ

ヌーン

青クマ

ひじきやあさりがおすすめ

血行不良や鉄分不足が原因
鉄分の多い食事を

眼精疲労や寝不足で目の下がうっ血し、それが透けて見えるのが原因。鉄分の一種であるヘム鉄が多い食材で解消を。

茶クマ

バッチリよ
帽子やサングラスで紫外線をガード

目の下のシミや色素沈着がクマに
美白ケアで薄くして

摩擦や紫外線のダメージによる慢性的な色素沈着が原因。紫外線予防と目元専用の美白アイテムで改善しましょう。

黒クマ

たるみの影でできるクマには
アイクリームで肌に弾力を

肌がたるんで目の下に凹凸ができ、その黒い影が黒クマになります。ハリと弾力を取り戻す目元専用のクリームを塗ってケアしましょう。

弾力～もどっておいで～

美肌を守る紫外線ケア

シミやシワの原因となる紫外線。UV ケア化粧品を正しく使って、肌の老化を予防しましょう。

塗り忘れチェック＆パーツ別ケアで、うっかり日焼けなし！

お出かけ前に、日焼け止めを忘れがちな部分を確認しましょう。パーツによっては専用のコスメを使うと◎。朝、外出前に塗り、ランチ後に塗り直すと効果が続きます。

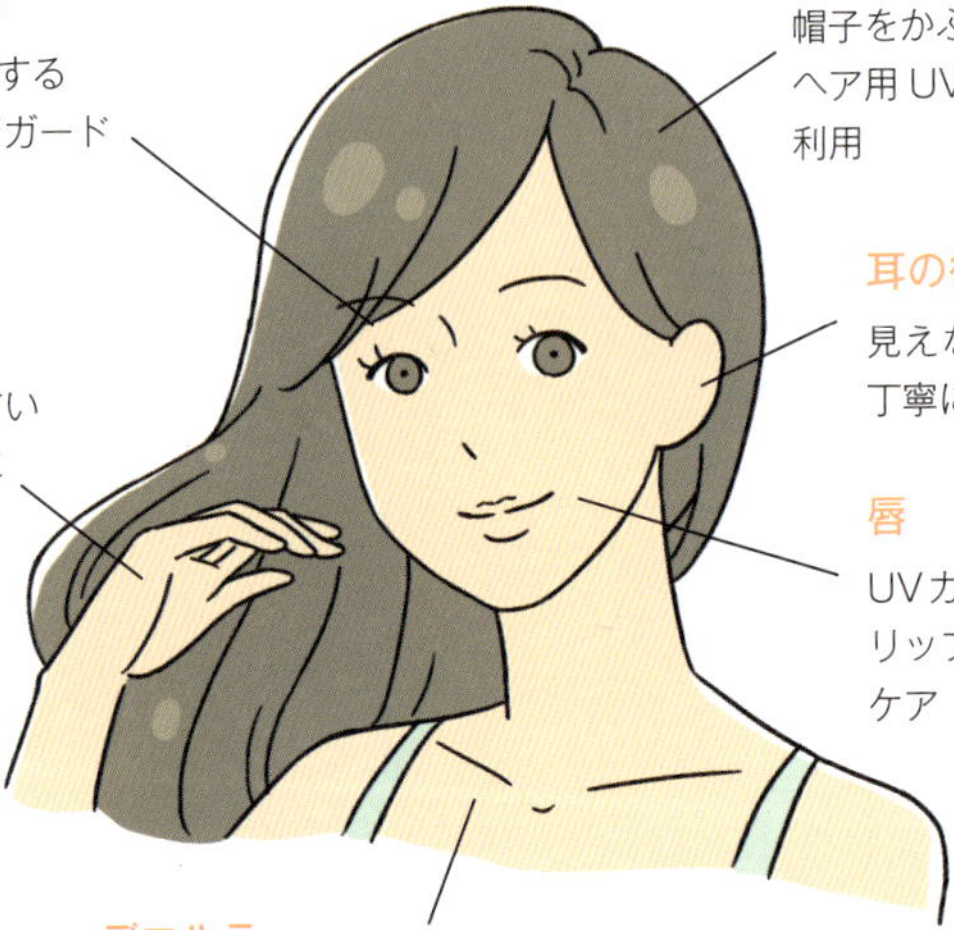
目
サングラスや
UV ブロックする
コンタクトでガード
髪
帽子をかぶったり、
ヘア用 UV スプレーを
利用
手
手の甲は
日焼けしやすい
ので念入りに
耳の後ろ・首
見えない部分も
丁寧に！
唇
UVカットの
リップクリームで
ケア
デコルテ
汗や摩擦で日焼け止めが落ちやすいので、
こまめに塗り直して

紫外線が目に入ると、脳からメラニン生成の指令が出てシミの原因に。UVカットのサングラスやコンタクトなどでブロックしましょう。

日焼け後は炎症を抑えるケアを

紫外線を浴びて肌が赤くなってしまったら、すぐに炎症を抑えるケアを。冷たいタオルをあてて肌を落ち着かせましょう。

肌が落ち着いたら、メラニンを薄くする成分（ビタミンC誘導体など）を含んだ化粧品でケアしましょう。

体の中からUVケア

代謝を促し、メラニンの生成や沈着を抑える栄養素を積極的に摂りましょう。

ビタミンCとA

両方を含む食材で、肌の代謝を高める。

例 トマト、かぼちゃ、ニンジン、柿 など

エラグ酸

メラニンの増加を防いで肌を守る。

例 くるみ、ざくろ、いちご、ラズベリー など

亜鉛

皮膚の健康を保つ働きがある。

例 牡蠣、ホタテ、牛肉 など

chapter 03

美人をつくる食事&ダイエット

美容にいいオイルを使ったり、

食べ方を変えるだけで、肌も体もきれいに。

頑張らずに続けられるダイエットで、

理想のスタイルを手に入れましょう。

PIZZA & PASTA
今日は同級生とランチ
SALAD BAR
友子キレイになったね
そうかな？ありがと〜
見ちがえたよ〜
顔筋ストレッチのおかげかな
こうやるのぎゅっと
アハハ
おもしろいのは変わらないわね
私なんか太っちゃってダイエット中なんだ
ふぅ
昔よりやせにくくなってて…
ふー
もっしゃもっしゃ
だからサラダばっかりなのね
私もサラダ食べよ〜
サラダバーに行ってくるね
ガタッ

トマト・レタス
オクラもある〜
モリ
モリ
ドレッシングは
もちろんノンオイル！
ヘルシーでしょ！
それよりも
アマニ油ドレッシング
がおすすめよ
シュッ
コレ
英恵先生
なぜここに!?
この店で
美人になる
オイルセミナーを
するの
今日はその
打ち合わせよ
オイルを賢く使うと
美人になれるのよ
肌にうるおい
腸も元気に
代謝アップ
OIL
おお〜

美容にいい油
美肌にいい
オメガ3系
アマニ油
えごま油
魚油
アマニ油
えごま油
便秘の解消
オメガ9系
オリーブオイル
米油
体に脂肪が蓄積しにくい
ココナッツオイル
MCT オイル
（中鎖脂肪酸 100%のオイル）
使い分けてきれいになりましょ
じゃあ今度、アマニ油でエビフライつくろうかな～
それはNGよ
アマニ油とえごま油は熱に弱いから「生」で使うのよ

オススメ
美人になるオイル料理
イワシのカルパッチョ
魚油たっぷりのイワシにえごま油のドレッシングをかけて美容効果をアップ！
オメガ3カレー
ご飯に大さじ１のアマニ油を混ぜて美肌効果をプラス！
追加しまーす
スタッフ
えー
もう食べられないよ〜
おいしくて美人になれるなんてステキ！

25 オイルで美人になる

□「油＝悪者」は大間違い。良質なオイルは美しい肌に不可欠

□美容と体にいいオイルを選ぶことが重要

□オイルを味方にするポイントは種類、保存状態、食べ方

いつもの食事にオイルを取り入れる

朝食で取り入れるなら…

サラダにアマニ油でつくったドレッシングをかけて美肌に
パンにココナッツオイルを塗って代謝をアップ
美人になるオイルをプラス!!
炒め物には、オリーブオイルを使って便秘を解消

オイルは普段の食事の中で気軽に取り入れられるのが魅力。欲しい効果や調理方法に合わせて使い分け、おいしさと美容パワーを手に入れましょう。

よいオイルは美肌のサポーター

「油は太る」と悪者扱いされてきた油ですが、質のいいものは肌のうるおいやバリア機能を高めてくれる美容の味方。油が不足すると肌が乾燥し、ハリや弾力が失われてしまいます。美肌効果だけでなく、種類によっては体に脂肪をつきにくくし、ダイエットに役立つ効果も。美のためにオイルを活用しましょう。

使い方と保存法に気をつけて

美容に効くオイルも、酸化すると体を老化させる原因に。油は空気に触れたり、加熱によって酸化します。封を開けたらなるべく早く使い切りましょう。また、種類によって適切な保存方法や食べ方も違うので、注意を。

26

ココナッツオイルでやせる

□脂肪を燃焼させて、ダイエットをサポート

□活性酸素を防ぐアンチエイジング効果も

□購入するなら

「低温圧搾法（コールドプレス）」と

書かれたものを

牛肉と野菜のココナッツオイル炒め

材料（2人分）

牛もも肉（ブロック）…160g	オイスターソース…大さじ1
アスパラ…4～5本	しょうゆ…小さじ2
パプリカ（赤・黄）…各1/2個	しょうが（みじん切り）…1片
ココナッツオイル…大さじ2	ネギ（みじん切り）…1/2本

つくり方

1. 牛肉は一口大、パプリカは細切り、アスパラはさっと塩ゆでし、4等分に切る。
2. フライパンにココナッツオイルを中火で熱し、野菜を炒める。火が通ったら牛肉を加える。
3. 肉の色が変わったら、オイスターソースとしょうゆを入れて炒め合わせる。器に盛り、しょうがとネギを散らす。

炒め油をココナッツオイルに変えるだけ。時間がない時は、トーストに塗ったり、コーヒーやジュースに小さじ1程度入れるだけでもOK。

代謝を高め、体脂肪を燃やす

質のいい油として人気のココナッツオイル。食べてすぐエネルギーになるので脂肪になりにくく、すでに体についた脂肪を燃焼させる効果もあります。また、老化の原因になる活性酸素を防ぐ力もあり、アンチエイジング効果も期待できます。

エスニック料理にもぴったり

熱に強い油なので加熱調理もOK。ココナッツ特有の甘い香りはエスニック料理にも合い、料理にコクを出してくれます。購入する時は光を通さない遮光ビンに入った低温圧搾法（コールドプレス）と書かれたものがおすすめ。それ以外はトランス脂肪酸が含まれているものも多いので注意を。

27

アマニ油で肌をツヤツヤに

□肌にうるおいを与える「食べる美容液」

□血液をきれいにし、中性脂肪を減らす

□加熱せずに生で食べるのがベスト。使った後は冷蔵庫へ

アマニ油の簡単ドレッシング

シンプル和風ドレッシング

材料　アマニ油…大さじ４
　　　しょうゆ…大さじ４

つくり方

❶アマニ油としょうゆをボウルに入れ、よく混ぜる。

ヘルシートマトドレッシング

材料　アマニ油…大さじ２　酢…大さじ１　トマト（小）…２個
　　　タマネギ…1/4 個

つくり方

❶トマトとタマネギをみじん切りにし、アマニ油、酢と混ぜ合わせる。

納豆や豆腐、少し冷ましたみそ汁にそのままかけて食べるのもおすすめ。精油されたものは、ほとんどクセもなく味も変わりません。

加熱しない食べ方が効果的

血液をサラサラにし、中性脂肪を減らす働きがあるアマニ油。肌を若々しく保つセラミドをつくり、シミの原因となるメラニンを抑えるなど、美肌にもうれしい効果がいっぱいです。

熱に弱く酸化しやすいので、炒め物や揚げ物に使うのは避け、生のまま使いましょう。使用後はすぐにふたを閉め、冷蔵庫で保存を。早めに使い切れるよう、少量のものを購入するのも◎。

適量はティースプーン1～2杯

美容にいいアマニ油ですが、摂りすぎるとカロリーオーバーに。適量は1日にティースプーン1～2杯。少量でも十分効果があるので、毎日の食事に取り入れてみましょう。

28

オリーブオイルで腸を美しく

□腸の動きを活発にして、便秘を解消！

□肌にいい食べものと一緒に摂ると効率よく栄養を取り込める

□酸化しにくく、加熱調理ができるので使いやすい

エビとブロッコリーのアヒージョ

材料（2人分）

むきえび…1パック　にんにく…1片　唐辛子…1本

ブロッコリー…1/2株　オリーブオイル…50㎖　塩・こしょう…適宜

つくり方

❶ブロッコリーを小房に分ける。にんにくはみじん切りにし、唐辛子は半分に切って種を取る。

❷唐辛子とにんにく、ブロッコリー、むきえびをフライパンに入れ、オリーブオイルを注いで15分煮込む。塩・こしょうで味をととのえる。

熱に強いオリーブオイルは加熱調理に最適。風味もよく、オイル煮や炒め物、パスタなど、様々な料理に使えます。

使いやすく、美容効果も抜群！

イタリアンやスペイン料理などによく使われるオリーブオイル。食べものの消化・吸収を助けるため、他の食材と合わせて摂るのがおすすめです。肌にいいビタミンなどを一緒に摂ると、美肌効果がアップ。また、腸の働きを活性化するので、便秘解消にもつながります。コレステロール値の調整もしてくれて、血液もサラサラに。熱に強く、料理に使いやすいのも魅力です。

保存は光の当たらない場所で

酸化しにくいオリーブオイルですが、保存方法によっては傷むことも。温度が低く、光の当たらない冷暗所で保存するようにしましょう。製造日が新しいものを買うのもポイントです。

オイルの使い方と注意点

オイルは種類によって様々な特徴があります。それぞれに合う使い方や保存方法を知り、おいしさと美容効果を高めましょう。

加熱調理には
オリーブオイルや米油を

オイルの中には、熱を加えると効果がなくなってしまうものも。炒め物や揚げ物はオリーブオイルや米油、菜種油などを使いましょう。

酸化が進んだ油は使わない

酸化したオイルには、体に有害な物質が含まれています。油くさいにおいがするものは、使わないようにしましょう。

オイルは空気に触れると酸化が進むので、保存場所に気をつけましょう。アマニ油やえごま油は冷蔵庫に入れ、それ以外は光の当たらない涼しい場所で保存を。

おすすめ＆NGな調理方法一覧

オイルに適した調理方法を選びましょう。

	かける	飲み物に入れる	ドレッシングにする	炒める	揚げる
ココナッツオイル	◎	◎	×	◎	◎
アマニ油	◎	○	◎	×	×
オリーブオイル	○	×	◎	◎	◎
米油	○	×	○	◎	◎
ごま油	○	×	○	○	○
えごま油	◎	○	◎	×	×

◎：おすすめ　○：向いている　×：向いていない

トランス脂肪酸に気をつけて

表示ラベルに「植物油脂」と書かれた食品には、トランス脂肪酸が含まれてることがあります。細胞をサビツつかせる原因になるので注意しましょう。

トランス脂肪酸はマーガリンやショートニングなどに含まれています。

29

美腸で美人になる

□腸をきれいにすると肌も髪もきれいに

□腸内環境を改善する3つの食材を摂る

□体を温めると腸が元気になる

腸を健康にする3つの食材

発酵食品

善玉菌を活性化する。

例 納豆・漬けもの・味噌・ヨーグルト・塩麹など

食物繊維

善玉菌を増やす。

例 豆類・ゴボウ・キノコ類・切り干し大根など

オリゴ糖

ビフィズス菌のえさになる。

例 バナナ・リンゴ・タマネギ・ハチミツ・テンサイなど

腸を整えて新陳代謝をアップ

腸がきれいになると排便が促され、太りにくい体に。肌の調子もよくなります。理想的な腸内環境は、ビフィズス菌などのいい働きをする善玉菌、有害物質をつくる悪玉菌、日和見《ひよりみ》菌が2：1：7のバランス。発酵食品や食物繊維を摂るなど、食生活を整えて腸をきれいにしましょう。

温かい食べもの・飲みもので腸活

体を内側から温めるのも、美腸をつくる重要なポイント。温かい飲みものや食べものを摂ると腸の働きがよくなり、老廃物がしっかりデトックスされ、腸内環境が整います。肌もきれいになり、ストレスにも強くなるなど、いいことづくめです。

美腸の近道「自家製漬けもの」

漬けものに含まれる植物性乳酸菌は、胃で消化されにくく、生きて腸まで届くと言われています。食物繊維も豊富で、腸をスッキリさせる効果あり。

浅漬け

余った野菜を
有効活用！

つくり方

❶野菜を一口大に切る。すぐに食べたい時は薄切りに、食感を出したい時は乱切りにする。

❷切った野菜を食品用保存袋に入れて、塩でもみ込む。野菜の重さに対して2%の量の塩を入れ、もみ込む。冷蔵庫に1時間ほど入れる。

塩だけでなく、酢やしょうゆを入れてもOK。その日の気分に合わせて味を変え、バリエーションを楽しみましょう。

ヨーグルト漬け

野菜のあとに
肉や魚を漬けてもOK
おいしくなるのよ〜

つくり方

❶ヨーグルト100g、塩小さじ1、切り昆布少々を保存容器か袋に入れ、よく混ぜ合わせる。

❷一口大に切った野菜を漬け、1〜2日間ほど冷蔵庫で寝かせる。

腸を内側から温める「ホットドリンク」

ホットドリンクで体を温め、腸の働きをよくしましょう。しょうがや甘酒などの食材を使えば、温め効果がアップします。

甘酒豆乳

材料（2人分）

甘酒…100㎖

豆乳…80㎖　しょうが…5g

シナモンパウダー…適宜

つくり方

1. 甘酒、豆乳、すりおろしたしょうが、シナモンパウダーを鍋に入れて軽く混ぜる。
2. 火にかけ、沸騰しないように温める。

しょうが湯

材料（2人分）

しょうが…5g

ぬるま湯…150㎖

ハチミツ、レモン汁…適宜

つくり方

1. しょうがをすりおろす。
2. ぬるま湯に①とハチミツ、レモン汁を加えて軽く混ぜ合わせる。

バナナココア

材料（2人分）

バナナ…1/2本

ココア…大さじ2

オリゴ糖…大さじ1

牛乳（豆乳でも可）…200㎖

つくり方

1. バナナを輪切りにする。
2. 半分の量の牛乳を温め、ココアを入れてよく溶かす。
3. 残りの牛乳、バナナ、オリゴ糖を加えて温める。

ココアに含まれるリグニンが腸の善玉菌を増やし、便秘を解消

美智の家
健康診断まであと1週間
ん～……
それまでにやせなきゃ
プチ断食でスッキリ～
これだ！
土曜
あれっ？
夫
食べないの？
う…うん
ちょっとね
にんじんジュースだけ
日曜
耐える……
ぐうううう
水分は摂ってるから大丈夫…
ママ大丈夫？
月曜
マイナス2キロ
なんのさわぎ？
やった～
…んだけど
ぐったり…
何かやつれてません？

みなさ〜〜ん
ケーキの差し入れです
はっ
やせたんだし…ちょっとくらい、いいか〜
おいし〜
ですね〜
その夜
今度は食べすぎ…
モリ
モリ
やせたんだからいいの！
翌日
ガーン
前より太った!!
そりゃそーだ
じゃあ次は…
翌日
それ、ランチですか？
え〜っ
キャベツダイエットなの
シャク
シャク
キャベツの山
一生キャベツを食べるつもり？

やせたらやめます
うさぎじゃあるまいし…
やせたらドカ食いしてまた太る…
そんなことくり返してない？
フフ….
グサー
うう…
ダイエットも「頑張り」は禁物よ
おすすめは毎朝体重を量ること
これだけでやせるわ！
え〜〜体重ならいつも量ってますよー
量った体重を記録することが大事なの
毎朝の体重を書いてよく見える場所に貼っておくの
カレンダーに書いたり
グラフにしたり…
6月
7日
55.7kg
8日
56.4kg
そうすると今の状況がわかって食べすぎを防げるわ
ケーキやめよーかな…

数値が落ちれば
うまくいってる!
って励みにもなるし
よし!!
?
だらだら
?
?
落ちなければ
何が問題かなって
考えることもできるの
食べたものノートを
書くのもおすすめよ
Note
自分が食べたものを
記録していくと…
6月8日(火)
朝 フレンチトースト
にんじんジュース
昼 カルボナーラ
おやつ クッキー3枚
夜 しょうが焼き
ごはん
野菜少ないかも…
食べたもの
何を
どう食べると
太るのか
食べ方を
どう変えるといいのか
が見えてくるわ
あと2カ月でマイナス3キロみたいな目標より、
「自分のなりたい姿」を
目標にすると
やる気が出るわ
ビジュアル化
できるものがいいわよ
なるほど～
後日
ギラ
ギラッ
すげ～
やるわよ～
ママ!!
がんばって!
これを着て
パーティー
に行くの!

30

ダイエットで失敗する人

□「誰かなんとかしてくれないかな…」とダイエットに対して受け身

□流行りのダイエットに飛びつきやすい

□過去の分析や将来の計画を立てるのが苦手

ダイエットに失敗する人、成功する人の違い

失敗する人は…

「○○ダイエット」などの目新しい情報や、一時的な感情に流されがち。


「あの有名人がやってたから私も！」

「とにかく我慢するのがダイエット」

「○キロ減った！ごほうび、ごほうび」

成功する人は…

自分を客観的に見ていて計画的。周囲の評価より自分の感覚を大事にします。


「最近太ったから食生活を見直そう」

「今日甘いものを食べた分、運動！」

「体が軽くて気持ちいい！続けよう！」

やせられない人には特徴がある

ダイエットを始めても続かない、リバウンドする…。そんな人に多いのが、主体性がなく、目新しい情報にすぐ踊らされてしまうこと。話題のダイエットに飛びついて一時的に体重が減ったとしても、目標体重になれば油断して、前より太ってしまうことも。大切なのは、自分の太りやすい習慣を見直すこと。そして、やせやすい生活に改善していくことです。

急激な減量は水分が減っただけ？

3日で2キロ減るなど、急激に体重が落ちた場合、やせたのではなく水分が減っただけかもしれません。水分不足になると、めまいなどの不調が出ることもあるので注意しましょう。

31

頑張る人はやせられない

□ダイエットは「頑張らなくていいもの」を選ぶ

□「やせることは簡単だ」と考える

□食べたいものを我慢しない

きれいな人が自然にやっている「やせる」習慣

バランスのよい食事を選ぶ

いろいろな食材があるバランスのよいメニューが◎。肉もデザートも我慢しなくてOK。食べすぎなければカロリーオーバーにはなりません。

同じ姿勢が続いたら体を動かす

電車の中でちょっと脚が疲れたら、かかとを上げ下げ。座りっぱなしの時間が続いたら５分歩くなど、こまめに運動を取り入れましょう。

上の二つは、どちらも体を健康にする行動。自分の体に意識を向け、体が喜んだり心地よくなる選択をすることが、やせるための第一歩です。

頑張ろうとすると続かない

やせようと決めると「頑張るぞ！」と意気込みがちですが、実はこれが失敗のもと。

頑張ろうとして「夕食は食べない」「外食しない」など、つい高い目標を立ててしまうと、継続が難しくなります。また「仕事でどうしても断れない食事会」などのアクシデントがあると、とたんにストップ。ダイエットは続けられないと意味がないのです。

ゆるく続けて、日常生活の一部に

やせるためには、まず「頑張ればやせる」という気持ちを捨てましょう。ダイエットはゆるく続けられるものを選び、日常生活の一部にしてしまう。それが長く続けるためのコツです。

32

記録するだけでやせる

□自分の今の状態を知ることが、
やせるための第一歩

□体重を毎朝量り、
目につくところに記録していく

□食べたものを記録して、太る原因を見つける

ダイエット成功の4ステップ

❶体重計にのり、現状を知る。

❷毎朝トイレを済ませた後に体重を量り、目立つ場所に記録していく。

カレンダーに数値を記入したり、折れ線グラフなどをつけましょう。

❸自分が食べたものの記録を1週間ノートに書きとめる。

❹体重と食事の記録を分析して、自分を太らせている原因を探す。

体重は1日の始まりに量る

ダイエットで大切なのは、現実を知ることから。毎朝、体重を記録し、数値で具体的にチェックするのがおすすめ。体重の増加に気づいたら、ランチを軽めにするなど、すぐに行動に反映できます。

食事の記録から太る原因を探る

きちんとやせるには、食事を記録することも効果的。毎日食べたものを書き出してみると、「意外に間食が多い」など、いろいろ発見があるはずです。また、出てくる頻度が多いメニューにも要注意。習慣的に食べているものが太る原因になっているかもしれません。原因がわかれば自然にそれを避けるようになり、食生活も改善できます。

33

期限付きの目標は立てない

□ダイエットに失敗する人の多くは目標がないか、立て方に問題がある

□「○か月で△キロやせる」は失敗しやすい

□「こうなりたい」と思う自分を目標にするとうまくいく

ダイエット成功につながる目標の立て方

最終的になりたい自分をイメージする

なりたいイメージが鮮明であるほど、ダイエットに励む原動力になります。「こんなの私には無理」と考えず、想像するだけでうれしくなる姿をイメージして。

イメージ例

- ミニスカートやスキニーパンツをはきこなして、おしゃれを楽しみたい
- 太ったことをバカにした彼氏を、スリムになって見返したい
- 子どもの参観日に「きれいなお母さん」と言われたい　など

期限や数字の目標は挫折のもとに

ダイエットには目標が大事。でも期限を設けて、「あと○ヵ月でやせなきゃ」と自分を追い込んでしまうと、無茶をしたり挫折してしまいがち。また、目標を一時的に達成できたとしても、「ダイエットは辛い」というイメージがついて、結局リバウンドしてしまうことも。「40キロ台になる」「あと△キロ減らす」といった数字の目標も無理をしやすく、おすすめできません。

理想の姿を描いてやる気アップ

ダイエットがうまくいきやすいのは、自分自身のなりたい姿を目標にすること。どんなに高い目標でもOK。夢や憧れをモチベーションにすれば、楽しくダイエットを続けられます。

34

一品ものメニューをやめる

□一品ものはダイエットの敵

□「お腹を満たす」ことより、食事を「楽しむ」ことを考える

□いろんなものを少しずつ食べる、幕の内弁当のような献立が理想

コンビニで代用OK！「幕の内」風ごはん

近所のコンビニやスーパーにも「使える」食材があるはず。つくるのが大変な時は、市販のお惣菜を上手に取り入れ、食事のバランスを整えましょう。

品数を増やして食事を楽しむ

仕事などで忙しいと丼ものやラーメンなど、一品でお腹いっぱいになる食事を選びがち。しかしそれらは炭水化物が多く、ダイエットには不向きです。この習慣を変えたい時は、「食事を楽しむ」ことを意識してみましょう。一品で満腹になるより、様々な料理を少しずつ味わいながら食べる方が幸せな気分に。旬のものを選べば、心も体も満足します。

食べる量は「腹八分目」がベスト

品数を増やすことで食べる量が増えるのはNG。腹八分目くらいになるよう気をつけましょう。「量より質」を重視し、体にいいものをじっくり味わうと少量でも満足できます。

35 無理せず続く工夫をする

□お菓子を「食べない」ではなく、「特別な時にだけ食べる」ものにする

□お皿を変えて、満足感をアップ

□どうしても満腹感が欲しいなら歯ごたえのある野菜を食事の前に食べる

こんな時には、こう乗り切ろう

夜に飲み会がある

昼食をセーブすると、飲み会でドカ食いする恐れも…

昼食はいつも通り食べ、飲み会へ行く前に、何をどれだけ食べるか、作戦を立てておくと安心です。

仕事が忙しくて夕食が遅くなる

夜遅くにボリュームある食事をすると、脂肪になりやすく危険！

仕事の合間におにぎりを食べ、帰宅後に野菜とおかずを少しだけ食べるなど、小分けにして食べましょう。

ストレスなく食生活を変える

ダイエットを続けるには、無理をしないことが大切です。太る原因がお菓子だとわかっても、毎日食べていたものをいきなり禁止するのは、大きなストレスに。まずは頻度を減らし、特別な時にだけ食べるようにしましょう。この方法はお菓子以外にも有効です。

視覚や食感を利用するのも◎

食事は大皿に盛るよりも、小さいお皿に盛る方が量が多く、おいしそうに見えます。このように、視覚的に満足感を高めるのもダイエットに効果的。「どうしても満腹になりたい」という時は、食事の前に野菜を1皿食べて。歯ごたえがあり、かさのある野菜を選べば、より満足感を得られます。

ダイエットQ&A

ダイエットについては様々な情報があふれていて、迷ったり誤解してしまうことも。疑問を解消し、正しいダイエット方法を実践しましょう。

Q.「糖質制限」が流行ってるけど、ご飯は食べない方がいいの？

A. ゼロにするのではなく、適正量にすることが大切です。１食あたりのご飯の適量は、大人ならお茶碗６～８分目ほど。摂りすぎていると感じたら、制限しましょう。

糖質であるご飯は、減らす方がダイエットには効果的ですが、食べても問題はありません。ご飯を減らしておかずが大量に増えるのは本末転倒なので注意。

食べてすぐ寝ないように！

Q. 夕食は少ない方がいい？

A. 夕食は少なめがおすすめです。夜にたくさん食べると、摂取したエネルギーを寝るまでに使いきれず、脂肪として蓄えられてしまいます。朝５：昼５：夜３くらいのバランスで食べると◎。

朝が少なく、夜になるほど食事量が増える人もいますが、これは太る食べ方の典型例。夜の食べすぎが続くと脂肪の量が増え、体のあちこちに皮下脂肪がつきます。

Q.やせるには、基礎代謝を上げるといいって聞くけど…

A.基礎代謝が上がると、やせやすい体になります。そのために大切なのは、バランスのよい食事。また、朝食を食べて体温を上げるのも代謝アップに◎。

はぁ〜
あ〜たまる〜

朝起きてすぐに白湯（↓P177）を飲むのもおすすめ

肉や魚、大豆製品などのたんぱく質をしっかり摂り、筋肉量を増やすことも基礎代謝を高めます。無理な絶食や単品ダイエットは基礎代謝を下げるので注意。

カンパ〜イ!!
記憶をなくすなんて、論外!!
!!

Q.ダイエット中でもお酒が飲みたい時は？

A.お酒の許容量は、コップ１杯のビールを週３〜４回程度。お酒の種類によってカロリーは違いますが、それよりも、飲む量に気をつけて。

飲むことで体重が増えるのは、お酒そのものよりも一緒に食べるものが原因かも。おつまみの種類や量に気をつけ、カロリーオーバーしないようにしましょう。

chapter 04

美ボディをつくるエクササイズ

手軽にできて、効果抜群！ 運動が苦手な

人にもおすすめのヨガ＆ストレッチ。

すきま時間を有効活用して取り組み、

美ボディをつくりましょう。

20代後半にして早くも老いを感じます
タタタタ…
遅刻～
あっ抜かれたっ
ゴ～
行っちゃった～
ゼイ
ハア
前は間に合ったのに…
会社
遅刻だよ
すみません
寝坊でもしたの？
それが…
いつもと同じ時間に家を出たんですが…
私体力落ちてて
運動してみたら？
私はジョギングはじめたの！
地味なスポーツって苦手なんです
セレブっぽくて簡単なスポーツがいいけど…
ん？
CELEB

そうだ！
ヨガとかいいかも〜
ハリウッドスターもやってるし!!
CELEB
ヨガ特集
私、クーポン持ってるよ〜
1000円で貸しマット付きだって！
安っ!!!
3人で行きましょ！
……
翌日
こんにちは〜
ようこそ〜
えーっ!?
キャン
キャン♥

新事業でヨガスクールを始めたの
ピタッ
そうなんですか
すごい…
この肉体はヨガの賜物よ
グーン
続ければ20代のボディをキープできるわ
20代
ギュイン
化け物…？
体だけでなく精神にもいいよ
ペカーー
本部長!!後光がさしてます
でも私体がかたくて…
ムリだと思う…
ポーズがきれいにできなくてもポイントを守ってやれば効果はあるわ
そうなんですか
よかった～

❶ 両足をそろえて立つ。親指を交差し、人差し指を合わせ、残りの指は組む。息を吸いながら両肘を引き締めて上にのばす。

❷ 息を吐きながら体を左に倒し、3～5呼吸分キープ。息を吸いながら体を戻し、反対も行う。

36 ヨガで美ボディになる

□ 呼吸は大きく吸ってゆっくり吐く

□ ポーズの完成度より気持ちよさを優先する

□ 1日5分でも続けることが重要

ヨガを始める前におさえておきたいポイント

呼吸法（腹式呼吸）を身につける

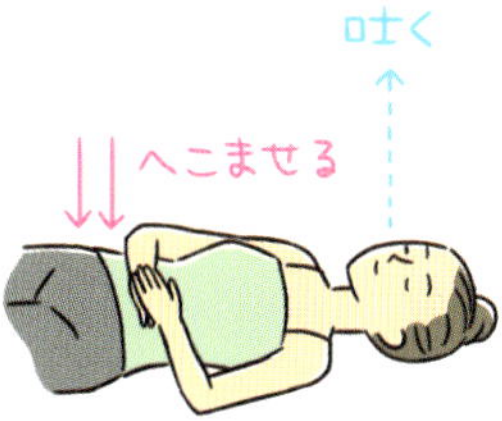

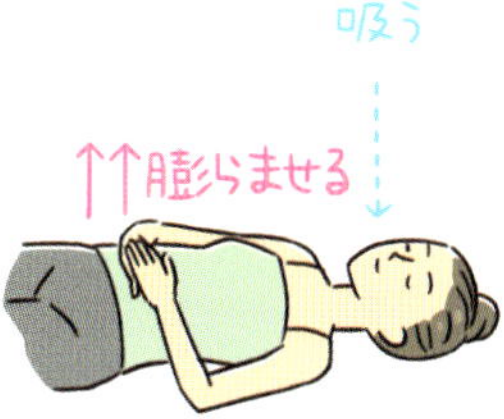

❶おへそに意識を集中させ、鼻からゆっくり息を吐きながら、お腹をへこませる。

❷息を吐ききったら、お腹に空気を入れるイメージで鼻からゆっくり息を吸う。①～②をくり返す。

腹式呼吸をするだけでも、リラックス効果や内臓のマッサージ効果があります

自宅でヨガをする時の注意点

- 食後2時間は行わない
- 水分をよく摂る
- 無理なポーズは行わない
- 体調不良や生理中、妊娠中は行わない
- ヨガマットを用意する

ヨガで体と心のバランスを整える

習い事でも人気のヨガは、独特なポーズと呼吸法で体のラインを引き締め、姿勢をきれいにします。血流がよくなることで新陳代謝もアップし、ダイエットにも効果的。さらに、ヨガには心を落ち着かせ、リフレッシュさせる効果も。ぜひ実践して、しなやかな体と健やかな心を手に入れましょう。

無理のない範囲で続ける

ヨガの効果を実感するには、続けることが一番です。毎日が難しければ1日おきでもOK。はじめはうまくポーズができなくても、自分にできる範囲で無理なく続けましょう。そのうち体もやわらかくなり、上手にできるようになります。

お尻やウエストを引き締めるヨガ

ゆっくり動くことと、息を止めないことがポイントです。

❶両足を肩幅より広げて立つ。両腕を肩の高さまで上げ、左右にスッとのばす。

❷息を吸いながら背筋をのばし、吐きながら左に骨盤を押し、上体を右へ曲げる。

手のひらは正面に向けます

❸右腕を下ろし、左腕を天井に向かってのばす。首もねじり、左手を見る。15 秒キープする。

❹息を吸いながら上体を起こし、吐きながら両腕を下ろし、①に戻る。反対側も同様に行う。

骨盤の向きはできるだけ正面に

美肌に効くヨガ①

便秘を解消し、肌ツヤをアップ。バストアップにも効果的です。

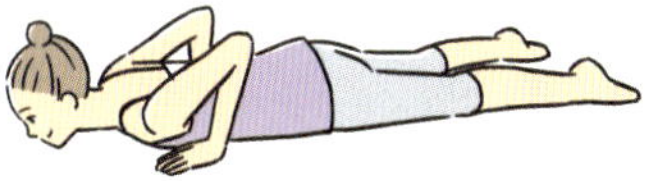

❶うつ伏せになり、脚を肩幅くらいに広げる。あごと両手を床につけ、ゆっくりと息を吐く。

❷息を吸いながら両腕で床を押し、上体を持ち上げる。あごを天井に向け、胸をそらしていく。

❸ 15 秒キープした後、ゆっくりと上体を元に戻す。

美肌に効くヨガ②

内臓に刺激を与え、働きをよくします。生理痛の改善も期待できます。

❶仰向けになり、両手のひじをつかんで両ひざを抱える。そのままゆっくり息を吸う。

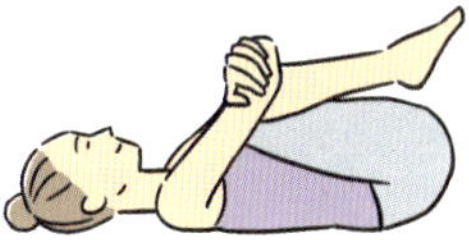

❷息を吐きながらひざを胸元へ抱き寄せる。さらに息を吸い、吐きながら顔をひざに近づけ、15 秒キープ。

❸息を吸いながら①に戻り、吐きながら両手、両足をのばし、リラックスする。

注目のエクササイズ

近頃は様々なエクササイズが登場しています。自分に合うものや楽しくできるものを見つけ、チャレンジしてみましょう。

バレリーナ気分で美ボディに「バレエクササイズ」

バレリーナの美しいボディラインを目指すもの。インナーマッスルを鍛えるので、筋肉太りの心配もありません。美しい姿勢と柔軟性で美人度もアップ。

初心者には難しそうなバレエですが、自宅でできる簡単なエクササイズもあります。DVD もいろいろ出ているので、レッスンに行く前に試してみるのも◎。

きれいになる動きの宝庫「ラジオ体操」

効率のいいエクササイズとして見直されているラジオ体操。第１・第２あわせて６分半ほどの短い時間の中で、全身の筋肉を使うことができます。

シェイプアップや筋力アップのポイントは、一つひとつの動きを全力で行うこと。最近ではラジオ体操の運動効果に着目した DVD も発売されています。

体幹を鍛える
「トランポリンエクササイズ」

短時間でカロリーを消費できる、トランポリンを使ったエクササイズ。楽しく飛び跳ねながら、ヒップアップや足の引き締めができ、体幹も鍛えられます。

5分間飛ぶと、ジョギング約1キロ相当の運動量になると言われています。1人用トランポリンを購入すれば、省スペースで雨の日でも気軽にエクササイズできます。

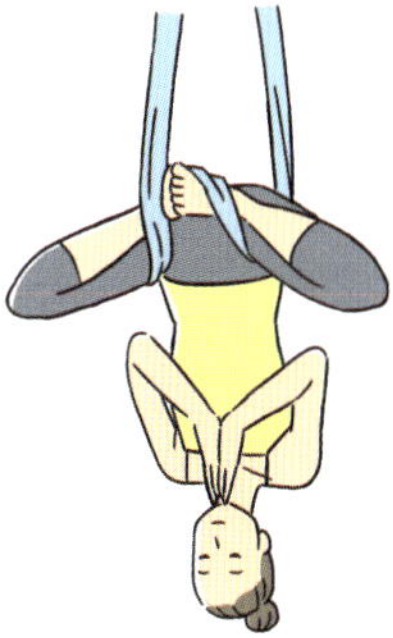

ぶら下がってゆがみを矯正
「エアリアルヨガ」

天井からつるされた布にぶら下がって行う、NY発のヨガ。体のゆがみを矯正し、筋力もアップ。無駄な力が抜けて、リラックス効果もあります。

体重・重力・布を利用することで、初心者でも意外とすぐにポーズが取れます。関節や背骨に負担をかけることなく、体幹を鍛えることができるのも魅力。

最近、肌がきれいになったね
ヨガのおかげです
心にも余裕ができて大人っぽくなったねって言われるんです
えへへ
私も行こうかな～
ヨガ…
美智さんは？
夕食の準備があるから…
やめておくわ
じゃあお先に～
……
私も行きたいけど…
家にはお腹をすかせた夫と息子が…
ママ～
これじゃあきれいになれない
足もむくんでるし…
うう…
大丈夫!!
自分に合う方法できれいになればいいのよ
ポム
あっ…先生…

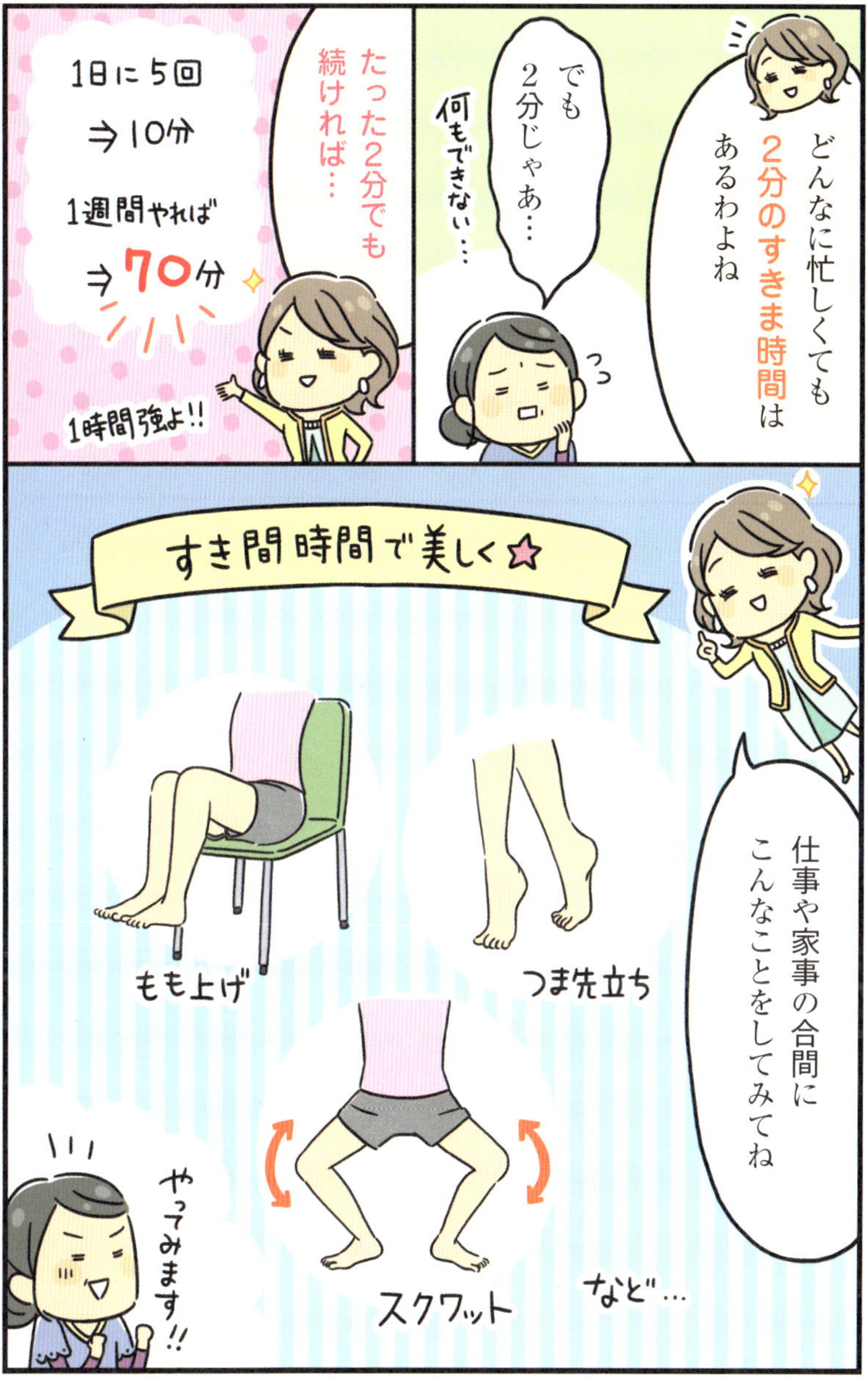
どんなに忙しくても
2分のすきま時間は
あるわよね
でも
2分じゃあ…
何もできない…
たった2分でも
続ければ…
1日に5回
⇒10分
1週間やれば
⇒70分
1時間強よ!!
すき間時間で美しく☆
仕事や家事の合間に
こんなことをしてみてね
もも上げ
つま先立ち
スクワット
など…
やってみます!!

ストレッチ

翌日
よっと
何してるんですか？
ふくらはぎのむくみに効くストレッチよ
へ〜〜
どうやるんですか？
1 イスに浅く腰かけ、ひざをのばしてかかとを床につける。息を吐きながら足の指を広げる。
2 息を吸って足をゆるめたら、足の指をギュッとにぎり、つま先をのばす。
仕事の合間にむくみが解消できるのよ
自分に合った方法できれいになろうと思って
私もごろ寝しながらできるのないかな〜
おっ
これいいかも！

寝ながらストレッチ

1 右足を曲げて左ひざの上に乗せ、左手を右ひざにあてる。右腕は体から少し離れた位置に置く。

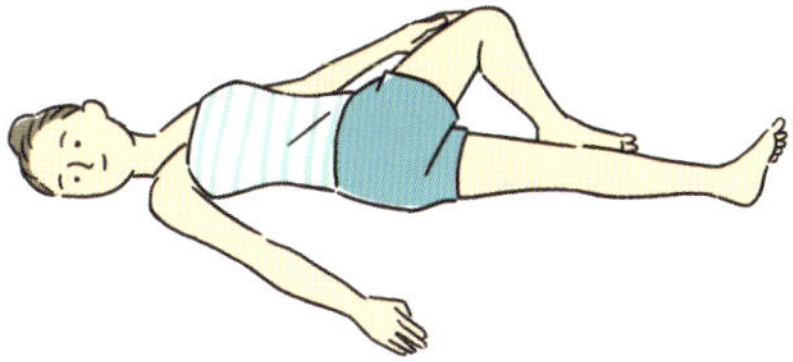

2 息を吸い、吐きながら右ひざをゆっくり左に倒す。右ひざが床に近づいたら、顔と上半身を反対側へ向ける。

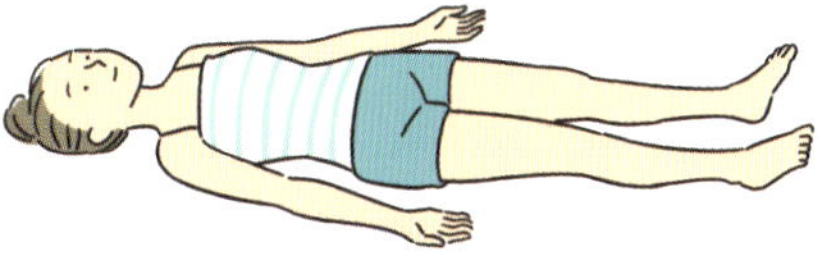

3 息を吸いながら①のポーズに戻り、吐きながら右足を下ろす、反対側も同じように行い、最後は仰向けでリラックス。

翌日
昨日みつけたストレッチ、便秘にも効いてて
ん?
わいわい
コラ〜ッ!
仕事中に寝ない!
キャンキャン
へへ〜

37

ストレッチできれいになる

□継続的なストレッチでしなやかな美しい体に

□のばしたい筋肉を意識する

□無理はケガにつながることも。「少し痛いけど気持ちいい」がベスト

「きれい」を叶えるストレッチの効果

二の腕を
引き締める
→P169
背中の肉を落とす
→P169
ウエストを
引き締める
→P163・P164
ヒップアップ
→P165
むくみをとって
美脚に
→P167・P168
便秘を改善
→P164

他にも、ねこ背を改善して姿勢を美しくしたり、肩こりや腰痛・冷え性の改善、疲労回復やリラックス効果など、ストレッチには様々な効果があります。

こんなに
いろいろ
パァ〜

筋肉をほぐし、血流&代謝アップ

かたくなった筋肉はやせにくく、疲れやすい体のもと。ストレッチをすると筋肉がほぐれ、血流やリンパが流れやすくなります。その結果、新陳代謝もアップ。続けていけば、美しい体のラインを手に入れることにもつながります。さらに、老廃物が流れやすくなるので、美肌にも効果的です。

体が温まっている時がより効果的

ストレッチは、ちょっとしたすき間時間にできるのが魅力。入浴後など、体が温まっている時にすると、血流がよく代謝も上がっているので、脂肪が落ちやすくなります。また、筋肉は温まるとのびやすくなるので、気持ちよくストレッチできます。

38 ウエストとヒップを引き締める

□ 脂肪を燃焼させて、ぽっこりお腹を解消

□ わき腹ストレッチで、女性らしいくびれをつくる

□ 筋力アップで美しいヒップラインに

くびれをつくるストレッチ

わき腹ストレッチ

❶背筋をのばし、足裏を合わせた状態で床に座る。骨盤が立つように姿勢を整える。

❷背筋をのばしたまま左手を上へのばし、息を吐きながら右側へゆっくりと上半身を倒す。そのまま５秒間キープ。

❸ゆっくり体を起こし、元の姿勢に戻る。反対側も同様に行い、左右とも５回くり返す。

お尻の下にタオルを敷くと、姿勢を保ちやすくなります。

腹筋を刺激し、お腹を引き締める

年齢を重ねるとともに脂肪がつきやすくなるお腹まわりを、ストレッチで解消しましょう。筋肉をのばして刺激を与えると、血行がよくなり、代謝がアップ。脂肪が燃焼しやすくなります。さらに腹筋も活性化。ストレッチをしながら腹式呼吸（↓Ｐ１５１）を行うと、引き締め効果が高まります。

お尻の筋肉を使ってヒップアップ

何もしないと、どんどんたれるお尻。腰から太もも裏にかけてしっかりストレッチすれば、ヒップラインは劇的に変わります。毎日2～3分でも続けて、筋肉を鍛えましょう。また、骨盤がゆがんでいると筋肉がつかないので、位置を矯正するストレッチもおすすめ。

お腹を引き締めるストレッチ

お腹の筋肉を刺激して、引き締まったウエストに。便秘解消にも効果的。

ぽっこりお腹解消ストレッチ

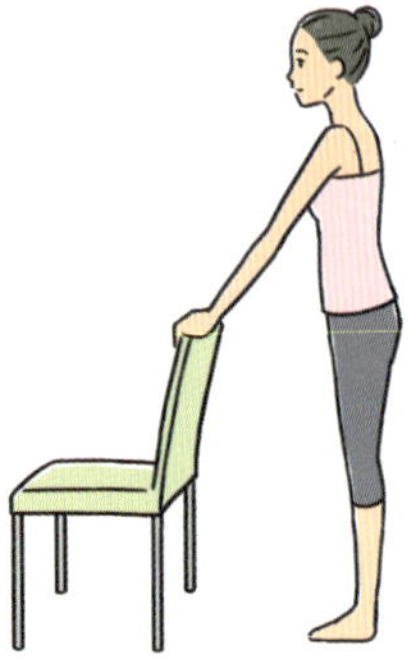

❶イスの背もたれに両手をかけ、足を腰幅に開く。

❷ひざを曲げ、体全体を縮こませるように腰を丸める。背中がのびるのを意識しながら15秒キープ。

ウエストひねりストレッチ

❶床に座り、手のひらを上に向けて腕を上げる。息を吐きながらゆっくり上半身を後ろへ倒す。きついところでストップ。

❷ストップした姿勢で両腕を左へ動かし、体をひねる。15秒キープしたら①に戻り、反対側も同様に行う。

ヒップアップに効くストレッチ

骨盤のゆがみを解消し、筋力をアップすることで美しいヒップラインに。

骨盤ゆがみ矯正ストレッチ

両ひざとも直角に曲げる

腰から下は動かさないよう注意

❶右ひざをつき、左ひざを立てる。右ひじを上に突き出し、左手を太ももに置く。

❷右ひじと体を交差させるように上半身をひねる。腰にのびを感じるところで15秒キープ。反対側も同様に行う。

ヒップリフト

❶つま先をそろえて仰向けに寝る。ひざは90度より少し広めに曲げる。

❷足の間にすき間ができないよう、太ももの内側に力を入れ、腰を上げる。お腹を突き出さないよう注意して15秒キープ。

❸ゆっくり①に戻り、同じ動きを3回くり返す。

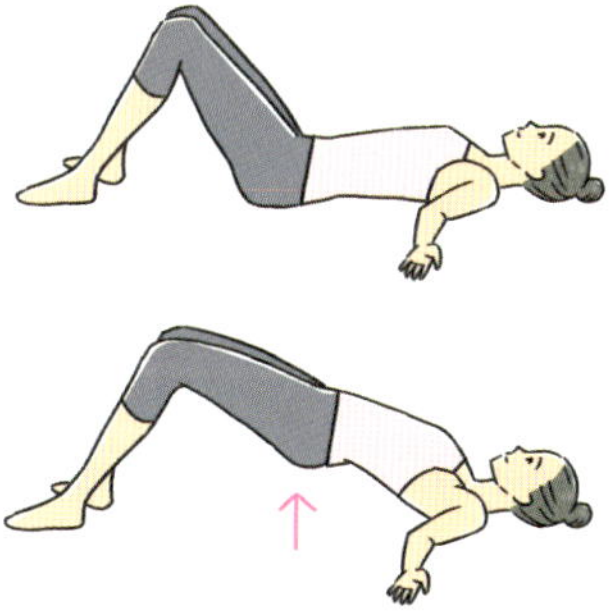

お尻と太もも裏を使っているのを感じて

ひざの間にクッションなどをはさんで行うと、お尻に力を入れやすくなります。

ストレッチ

39

脚・二の腕・背中を引き締める

□むくみを放っておくと、脚が太くなる

□肩甲骨のストレッチですらりとした美しい背中に

□二の腕、背中がきれいになると見た目年齢が若返る

脚のむくみを取るストレッチ

ふくらはぎストレッチ

1. 脚を前後に開き、ひじをのばして壁に手をつく。
2. ゆっくり腰を前に出し、ふくらはぎをのばす。
3. 15秒キープ後、①に戻る。反対の脚も同様に行う。

手足ぶるぶる体操

1. 仰向けに寝る。両腕・両脚を天井に向けてまっすぐのばす。
2. 手首・足首をぶるぶると小刻みに30秒間ふる。

脚のむくみには、血流の改善

むくみやすく、疲れがたまりやすい太もも・ふくらはぎ。筋肉もかたくなりやすく、むくみをそのままにすると脚が太くなる原因に。その日のうちに解消し、翌日へ持ちこさないことが大切です。座りっぱなしの状態が続いたら足首を動かすなど、こまめにケアを。

二の腕・背中の脂肪を落とす

たぷたぷになりがちな二の腕や、油断しがちな背中の脂肪は、パソコンやスマホによる前かがみの姿勢が原因かも。肩甲骨まわりの筋肉をほぐし、背筋をのばすことで解消しましょう。ストレッチで刺激を与えると、血液循環がよくなり、代謝もアップ。脂肪の燃焼にもつながります。

美脚をつくるストレッチ

疲労がたまりやすい下半身を、スッキリさせるストレッチです。

前太ももストレッチ

❶ひざをのばして床に座り、左ひざを曲げて足の甲を床につける。つま先はまっすぐ後ろにのばす。

❷上半身を後ろに倒し、両手で体を支える。太ももの前側が気持ちよくのびるところで15秒キープする。

❸右足を両手で引き寄せ、ゆっくり天井の方へ上げる。背筋をまっすぐのばし、15秒キープ。反対側も同様に行う。

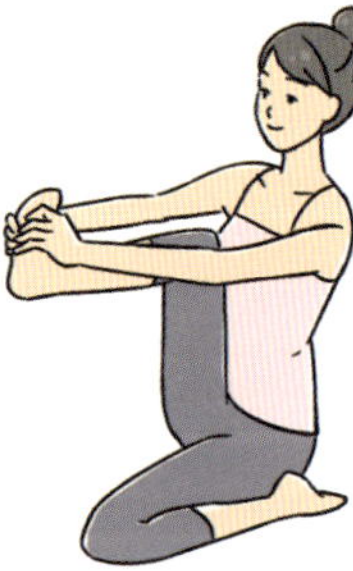

足を上げる時に、ひざをのばすのが難しければ、曲げたままでもOK。

二の腕・背中に効くストレッチ

肩甲骨を動かしてやわらかくすることで、二の腕も背中もきれいに。

二の腕ひねりストレッチ

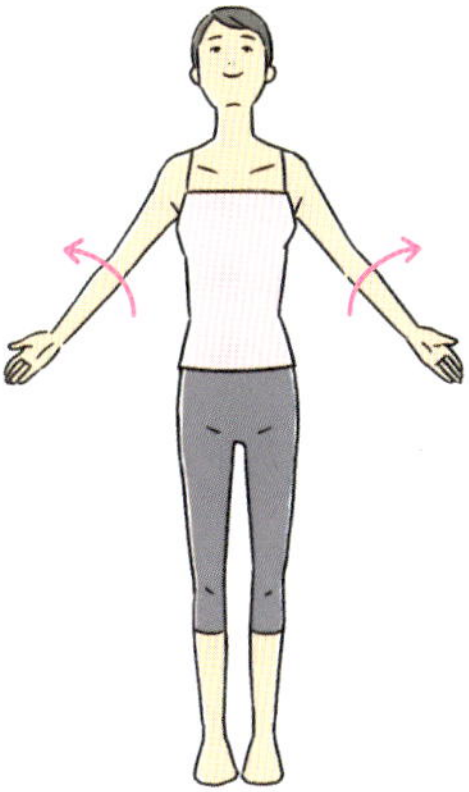
肩から腕全体を動かす

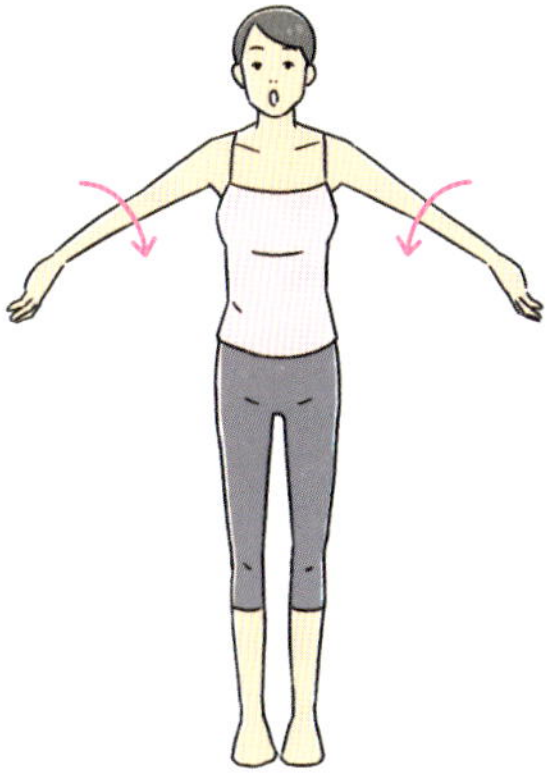

❶肩と腕をできるだけ下げる。鼻から大きく息を吸いながら、肩甲骨を寄せるイメージで、手のひらを外側に向けるように腕をねじる。

❷口から息を吐きながら、肩甲骨を開くようにして腕を内側にねじる。①～②を 10 回くり返す。

ねこ背解消ストレッチ

❶イスに浅く腰かけて、両足を軽く開く。

❷両手で腰を支えながら、ゆっくりと背中を後ろにそらす。そのまま 15 秒キープ。

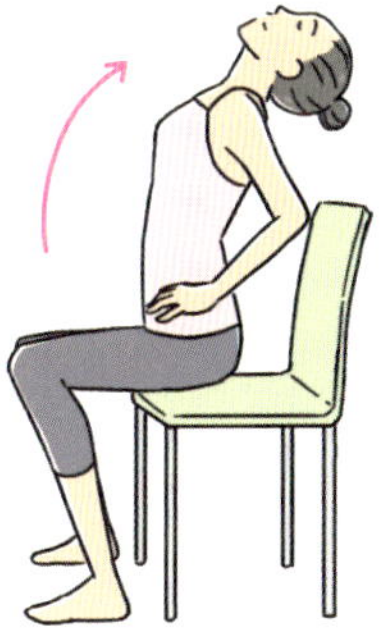
お腹の筋肉がのびるのを意識して

chapter 05

きれいになる習慣

どんな美容も日常の習慣に落とし込めば、

一生続けられます。

きれいを続けるコツを身につけて、

いつまでも美人でいましょう!!

友子の家
お風呂入ろ〜
♪オフロガワキマシタ♪
Sunday
シャンプー前にブラッシングして…
頭皮もしっかり洗って
わしわしわし
夜シャンに変えてからお風呂に浸かるようになったなぁ
ふー
ごくらくごくらく
スキンケア後は顔筋ストレッチ
口角が上がると笑顔美人に！
お風呂もスキンケアも面倒だったけど…
ブオーッ

面倒なことも1ヵ月続けると習慣化するわ
歯みがき
ストレッチ
シャカ
シャカ
本当にそうだな～
早く寝よ～～
翌日
いいお天気～
う～～ん
今日は何をしようかな
休日だし♪
えーと…
洗濯と
買い物も…
DVDも借りたいし
やりたいこと書き出してみよっ！
頭の中もスッキリ♪
今日のToDo
□ 洗濯 ①
□ DVD借りる ③
□ 買いもの ④
□ 掃除 ②
Sunday
やる順も書くとスムーズに動けるわ！

習慣

よーし！
洗濯と掃除終了！
ふ～
ピカ
ピカ
まだ10時！
得した気分～
余裕あるっていいな～
そうだ！
新しいアレンジ
してみよ！
結んだ髪は
ほぐすと
こなれ感が出るよ
いい感じ♡
OK & DVD
何観よう
かな～♪
英恵先生のおすすめ
あった！
DVD
洋画
すっ
あ
ごめんなさい！
どうぞ…
いえいえ、
ボク他にも
観たいもの
あるので
大丈夫ですよ

素敵な人だったな～
ルンルン♪
レンタル
泣ける～
じ～ん
美人になるには感性を磨くのも大切！
いいものを観たら心が美人になった気がする
ゆずってくれてありがとう…
は～
素敵な人だったな
あの人にまた会えますように…
翌週
今日はコメディにしよ～
ドーン
DVD
また会いましたね
あれっ？
えっウソ！
ドキ♥

習慣

40

早起きをして美人になる

□早起きをして、自分のために時間と余裕を生み出す

□スキンケアやメイクもあわてずできる

□朝、太陽の光を浴びると前向きな気持ちになれる

美人になる朝活

カーテンを開ける

朝一番に太陽の光を浴びると、体内時計がリセットされ、目覚めスッキリ。幸せホルモンと呼ばれるセロトニンも増え、前向きな気持ちに！

白湯《さゆ》を飲む

朝食の前に白湯を飲むと、内臓が動き出し、体が自然に目覚めます。腸の動きもよくなり、朝からスッキリした状態に。

運動・音楽・勉強など、朝に自分のやりたいことをすると、早起きするモチベーションが上がります

白湯のつくり方…やかんに水を入れ、10分ほど沸騰させます。飲む分（100～150㎖）をコップに移し、50～60℃になるまで冷まします。

美人は早起きをしている

美しい人は、朝早く起きて、自分のための時間をつくり、ゆとりを持って行動をしています。

出かけるギリギリまで寝るのをやめて、いつもより10～30分、早く起きましょう。スキンケアやメイクが丁寧にでき、美しさを磨くことができます。時間だけでなく心にも余裕が生まれ、落ち着いた雰囲気の美人になれます。

太陽の光を浴びて、幸せホルモンを増やす

朝起きたら、カーテンを開けて太陽の光を浴びましょう。眠気が覚めるだけでなく、脳を覚醒させる幸せホルモン・セロトニンが増え、1日を心地よくスタートできます。

41

美人は寝ている間につくられる

□ 美肌も美髪も、寝ている間につくられる

□ 寝る前のルーティーンをつくると
自然に眠れるようになる

□ 布団の中では
ネガティブなことは考えず、
楽しい未来をイメージする

美人をつくる入眠儀式

寝る1時間前に入浴する

布団に入る1時間前までに入浴を。38℃くらいのぬるめの湯に20～30分浸かると、入浴後に体の熱が放出され、自然に眠たくなります。

寝る前にハーブティーを飲む

ノンカフェインでリラックス効果のあるハーブティーは、就寝前の飲みものにぴったり。心身をリラックスさせるカモミールがおすすめ。

好きな写真集を見る、パジャマに着替える、水を飲むなど、自分なりの就寝前の儀式を決めて習慣化すると、自然に眠れるようになります。

熟睡すると美人になる

美容に欠かせない成長ホルモンは、寝ている間に分泌されます。これによって、日中の肌のダメージが修復されたり、新陳代謝が促されたりするのです。熟睡するほど成長ホルモンがたくさん分泌するので、寝つきの悪い人は、就寝前のルーティーンを決めて、ぐっすり眠れるようにしましょう。

幸せな気分で眠るのが大事

美人になるには、ポジティブな思考を持つことが大切。前向きな気持ちで明日を始められるよう、就寝前は幸せな気分で過ごしましょう。その日の反省や後悔など落ち込むことは考えず、未来を明るくイメージしながら眠るのがおすすめです。

42

美人の習慣術

□美人は、美容を
歯みがきと同じように行っている

□苦手なことも1ヵ月続ければ、習慣化する

□挫折したら、再挑戦すればいい。
「もういいや」と投げ出さないことが大切

美人習慣の身につけ方

好きなことでやる気を出す

好きなことをして「幸せ気分」になってから、苦手なことに取り組むと、やる気が出ます。

1ヵ月は続ける

美容にいいことを始めたら、1ヵ月は続けましょう。歯みがきなど、日常の動作の後に行うのがおすすめ。

1ヵ月続けると効果が出始めて、モチベーションも上がります。

どんな美容法も歯みがきレベルに習慣化する

美容法の効果を得るには、何より続けることが大切。入浴後に行う、就寝前に行うなど、日常の行動にひも付けて、まずは習慣化しましょう。やる気になる工夫をするのもおすすめです。

つまずいたら、再挑戦！

新しい挑戦に挫折はつきもの。例えば、ダイエットを始めて1週間。やせ始めていたのに、飲み会で食べすぎて、元に戻ってしまった…など。ここで挫折すると、やけになって暴飲暴食をし、さらに太ることにもなりかねません。

つまずいても自分を責めず、もう一度やり直しましょう。そうすればあきらめず続ける力もついてきます。

43

マインドから美人になる

- □絵画や音楽、映画など、心を動かす芸術に触れる
- □恋は女性をきれいにする。素敵な恋をしてますます美人に
- □新しいことにチャレンジする

恋をするときれいになる理由

ドーパミンが分泌される

- 生きるパワーが出て、やる気倍増。

エストロゲンが分泌される

- 胸が大きくなり、体にメリハリがつく。
- 肌や髪にツヤが出る。
- むくみやくすみ、肌荒れも改善。

自律神経が整う

- 幸せを感じると副交感神経が働き、ドキドキすると交感神経が働く。この二つのバランスがよくなり、免疫力も高まる。

ドーパミンは快感や興奮を伝える脳内物質。エストロゲンは女性ホルモンのひとつで、女性の心と体を健やかにしてくれます。

きれいなものに触れて感性を磨く

表情がイキイキしている人は、魅力的です。どんなに美人でも表情が乏しいといい印象を持たれません。

感性が豊かだと、日常のささいなことにも心が動き、表情が多彩になります。映画や演劇・美術など、心がときめく、美しいものに触れる機会を増やし、感性を磨きましょう。

いい恋をすると美人になる

恋をすると女性ホルモンが活性化して、肌ツヤがよくなり、女性らしさもアップします。ただし、ストレスの多い恋は要注意。心の負担が悲壮な表情に出て、雰囲気も悪くなってしまいます。自分にとって心地よく、幸せな恋をしましょう。

ビューティーキラーにご用心

美人になるのをジャマする人たちを「ビューティーキラー」と呼びます。きれいを妨げるトラップにハマらないよう、うまく立ち回りましょう。

きれいになりだすとビューティーキラーが現れる

きれいになるのをジャマするのは夫や親、友達など、身近な人たち。批判的な人が現れたら、あなたがきれいになっている証拠です。

批判されてもにっこり笑顔で受け答える

「いい歳をして」「今さら何を目指してるの？」などと言われても、間に受けずに「ハハ、そうだね」と受け流して。反論しても疲れるだけです。

きれいになることを執拗にジャマする人が出てきたら、そっと距離を置くようにしましょう。ネガティブな影響を受けないようにするのが大切です。

美人になるゴールを見失わない

ビューティーキラーにジャマされても「美しくなる」というゴールを見失わないように。挫折しそうになったら「きれいになりたい理由」を思い出しましょう。

彼氏や夫は会話を大切にし味方になってもらう

パートナーがジャマしてくるのは、「浮気をするんじゃ…」と疑っているのかも。会話を増やして安心させ、味方になってもらいましょう。

パートナーに美容の話はNG。きれいになるのに夢中で、自分は後回しにされているという気持ちにさせてしまいます。お互い楽しく話せる話題を選びましょう。

キラ
キラ
みんな美人になってきたわね
フフ…
キラ
特にあの子
ふあ…ねむ…
ズバリ！恋をしてるでしょ!!
フフフすてきね
社長なぜそれを…
女性はいい恋をすると美人になるのよ
恋は心の美容液
待ってるだけじゃなく自分から話しかけてみて
？
恥ずかしい時は男性の鼻の辺りを見て話せばOK！
へえ～
ヨガをやると自信もついて積極的になれるよ！

前は自分より若い子がうらやましかったけど…
いいな〜っ
before
after
今は、それぞれの年齢にある美しさを大事にすればいいって気づいたの
30代
40代
50代
夏の休暇はインドでヨガ修行します！
シャラ〜〜ン
素晴らしいわっ
いずれヨガスクールもまかせられそうね
いいなぁ〜
みんな幸せそうで…
フ…
美智さんもきれいになってるじゃないですか
でも、すきま時間にエクササイズをしてると…
ぐす…
よっと…
そんなのムダムダ！
メシまだ？

夫だけじゃなく近所のママ友も…
キレイになって何がしたいの？
今さら何を目指すの？
ひそ ひそ
ねー
ひど～い!!
せっかく頑張ってるのに
そうね …残念だけど
キレイをジャマする人は多いのよ
そういう人はあなたが変わって、自分から離れていくことが不安なの
でも、自分は自分！
じゃあね～
ムキにならず「そうね～」と軽く返事すればOKよ
あとはキレイになれる仕掛けをつくるの！
しかけ？

例えば月に1回
友達とおしゃれして
出かける日を
つくるの
ホテルのレストランに
行くとかね!
我々も
ジョーシ会しますっ?
そうすると美人になる
モチベーションが続くわ
素敵~
今度3人で
行きま
しょう!
後日
楽しかったね~
こんばんは
今日は
お出かけですか?
あ
今度
映画でも…
はいっ
やったね
おめでとう

[監修] 豊川月乃（とよかわ つきの）

美容作家・モデル・ライフコーチ
Model&Beauty School『sen-se』代表

有名女優・トップモデルから、小学生や70代の女性まで、のべ2万人以上の女性を指導した実績を持つ。様々な職業を経て専業主婦になるも、30歳でモデルにカムバックし、その後36歳で「東京コレクション」にも出演。現在もモデルとして活躍中。

自身が代表を務めるスクールは「キレイになるだけでなく人生が変わる学校」と評判で、外見を磨くだけでなく、「夢かなセミナー」などを通してメンタル的にアプローチする方法で多くの人の夢実現や目標達成を可能にしている。

様々な視点から語ることのできる「美の伝道師」として各種メディアに引っ張りだこ。

主な著書に『美人養成専門学校48の教え』（サンマーク出版）、『ますますキレイになる人　どんどんブサイクになる人』（大和書房）、『ビューティ顔筋フィットネス』（主婦と生活社）などがある。

Model&Beauty School『sen-se』スクールサイト　http://sen-se.com/

豊川月乃公式サイト　http://toyokawatukino.com/
ブログ　https://toyokawatukino.com/blog/
facebook　https://www.facebook.com/tukino.toyokawa
Twitter　https://twitter.com/tukinotoyokawa
Instagram　https://instagram.com/tukinotoyokawa/

[参考文献]
『美人養成専門学校48の教え』（サンマーク出版）、『ますますキレイになる人　どんどんブサイクになる人』（大和書房）、『ビューティ顔筋フィットネス』（主婦と生活社）、『NHKまる得マガジン 健康と美容に役立つ！オイルの賢い使い方』（NHK出版）他

イラスト	ミューズワーク
装丁	宮下ヨシヲ（サイフォン グラフィカ）
本文デザイン	渡辺靖子（リベラル社）
編集	鈴木ひろみ（リベラル社）
編集協力	奥田直子
編集人	伊藤光恵（リベラル社）
営業	三宅純平（リベラル社）

編集部　堀友香
営業部　津田滋春・廣田修・青木ちはる・中村圭佑・三田智朗・栗田宏輔・高橋梨夏・中西真奈美

心とカラダが若返る！ **美女ヂカラ エクセレント**

2017年5月26日　初版

編　集　リベラル社
発行者　隅田　直樹
発行所　株式会社　リベラル社
〒460-0008　名古屋市中区栄3-7-9　新鏡栄ビル8F
TEL 052-261-9101　FAX 052-261-9134　http://liberalsya.com
発　売　株式会社　星雲社
〒112-0005 東京都文京区水道1-3-30
TEL 03-3868-3275

　ISBN978-4-434-23430-9